레전드

하루 3분 러시아어

레전드
하루 3분 러시아어

초판 1쇄 **발행** 2025년 8월 1일
초판 1쇄 **인쇄** 2025년 7월 20일

지은이	강라나(Кан Светлана)
감수	라자레바 올가(Лазарева Ольга)
삽화	김도사
기획	김은경
편집	이지영·Jellyfish
디자인	IndigoBlue
성우	불리니아 나탈리아(Булыня Наталья)
녹음·영상	브릿지코드

발행인	조경아		
총괄	강신갑		
발행처	랭귀지북스		
등록번호	101-90-85278	**등록일자**	2008년 7월 10일
주소	서울시 마포구 포은로2나길 31 벨라비스타 208호		
전화	02.406.0047	**팩스**	02.406.0042
이메일	languagebooks@hanmail.net		
MP3 다운로드	blog.naver.com/languagebook		

ISBN	979-11-5635-244-0 (13790)
값	16,000원

ⓒLanguagebooks, 2025

이 책은 저작권법에 따라 보호받는 저작물이므로 무단 전재와 무단 복제를 금지하며,
이 책 내용의 전부 또는 일부를 이용하려면 반드시 저작권자와 **랭귀지북스**의 서면 동의를 받아야 합니다.
잘못된 책은 구입처에서 바꿔 드립니다.

☐ 머리말

완전 쉽게! 즐겁게! 만만하게!
오늘부터 시작하는 **하루 3분 러시아어**

핵심을 짚어 주는 원포인트 러시아어!

러시아어는 간단한 단어로 쉽게 말하면 됩니다. 일상에서 많이 쓰는 러시아어 단어만으로 충분히 러시아 사람과 대화가 가능합니다. 다양한 상황에서 소통할 수 있도록 주제별로 포인트가 될 러시아어 단어만을 꼭 짚어 알려 드립니다.

카툰 본문을 영상으로 보고 듣는 러시아어!

러시아어는 어렵게 공부하면 바로 질립니다. 꾸준히 할 수 있는 하루 학습량이 중요한데, 정확한 발음으로 녹음한 원어민 전문 성우의 음성과 함께 만화 형식의 본문을 영상으로 즐겨 보세요. 매일, 조금씩, 부담 없이 하다 보면, 어느 순간 러시아어가 들리고 말도 하게 됩니다.

바로 보고 이해하는 그림 러시아어!

러시아어는 알파벳만 봐도 어려울 뿐만 아니라 외우려면 머리가 아픕니다. 그림을 통해 상황을 연상하며, 러시아어로 말해 보세요. 직관적으로 이해하면 기억에 오래 남습니다.

〈레전드 **하루 3분 러시아어**〉 책과 영상 자료를 통해, 러시아어가 만만해지길 바랍니다!

저자 강라나

이 책의 특징

1
상황별 카툰

카페에서 주문하는 내용부터
여행, 응급 상황까지
카툰으로 표현해, 직관적으로
단어와 회화를 익힐 수 있습니다.
그림과 함께 더 쉽고 재미있게
공부해 보세요.

2
한글 발음 & 해석

러시아어를 보고 바로 읽을 수
있도록, 러시아어 문장 아래에
한글 발음을 표기하였습니다.
하단에 해석이 있어, 한 페이지
안에서 읽고 뜻을 이해하며,
동시에 말하는 연습이 가능합니다.

3
실전 회화 & 문화 Tip

저자가 러시아 생활에서
직접 익힌 회화와
문화 정보를 소개합니다.
쉬운 단어로 러시아 사람과
소통하는 방법, 처음 접하는
상황에서 러시아어로 대처할
수 있는 팁을 알려 드립니다.

유튜브에서
〈하루 3분 러시아어〉를
검색하세요.

blog.naver.com/**languagebook**

4
무료 본문 영상 & MP3

원어민 전문 성우가 정확한 발음으로
녹음한 본문 회화 MP3 파일과 영상을
제공합니다. QR코드를 스캔하여
영상 자료를 쉽게 찾아볼 수 있습니다.
자주 듣고 따라 하며 러시아어 실력을
높여 보세요.

차례

표현 베스트 11	10
등장인물	12

1

맛집
Вкусные рестораны

01 # 카페에서	16
02 # 브런치 주문하기	20
03 # 러시아 음식점에서	26
04 # 샤슬릭 주문하기	30
05 # 킹크랩 주문하기	34
06 # 패스트푸드 주문하기	38
07 # 블린 주문하기	42
08 # 술집에서	46
09 # 배달 음식 주문하기	50
10 # 테이블 예약하기	54
러시아 음식점 이용 팁!	59

2

휴대폰
Мобильные телефоны

11 # 심카드 사기	62
12 # 와이파이 사용하기	64
13 # SNS 하기	68
14 # 사진 찍기	72
15 # 전화 통화하기	76
16 # 충전기 빌리기	78
17 # 2GIS(지도 앱) 사용하기	80
러시아 여행 필수 앱!	82

3

쇼핑
Шопинг

18 #	옷 가게에서	86
19 #	신발 가게에서	88
20 #	화장품 가게에서	90
21 #	계산대에서	94
22 #	세금 환급받기	96
23 #	환불 & 교환하기	98
24 #	온라인 쇼핑 서비스	102
	쇼핑 리스트!	104

4

교통
Транспорт

25 #	버스 & 지하철 타기	108
26 #	택시 타기	112
27 #	기차표 사기	114
28 #	렌터카 이용하기	118
29 #	주유소에서	124
	얀덱스 택시 앱 이용 방법!	127

5

문화 생활
Культурная жизнь

30 # 박물관 & 미술관에서	130
31 # 발레 공연장에서	134
32 # 아이스하키 경기장에서	138
미리미리 인터넷 예약!	143

6

여행
Путешествие

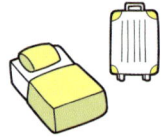

33 # 공항 & 수하물	146
34 # 비행기에서	150
35 # 환승하기	154
36 # 입국 심사	158
37 # 세관 검사	162
38 # 환전하기	164
39 # 현지 투어하기	166
40 # 바냐에서	170
41 # 숙소에서	172
러시아 여행 준비물 체크!	178

7

일상 & 응급
Повседневная жизнь & Экстренные ситуации

42 # 매점 & 슈퍼마켓에서		182
43 # 주류 매장에서		186
44 # 현금자동지급기 사용하기		188
45 # 경찰서에서		190
46 # 병원에서		194
47 # 약국에서		196
러시아 명절 & 축제!		202

8

기초 표현
Базовые выражения

48 # 인사	206
49 # 소개	208
50 # 감사	210
51 # 사과	212
52 # 부탁	214
53 # 확인 & 대답	216
54 # 감정	218
숫자 / 화폐 / 날짜 / 시간	220

복습하기   226

표현 베스트 11

1 Здра́вствуйте.
즈드라스트부이쩨.
안녕하세요.

2 До свида́ния.
다 스비다니야.
안녕히 가세요.

3 Спаси́бо.
스빠시바.
감사합니다.

4 Извини́те.
이즈비니쩨.
실례합니다.

5 Ско́лько сто́ит?
스꼴까 스또이트?
얼마예요?

6	**Что э́то?** 쉬또 에따?	이건 뭐예요?
7	**Да́йте э́то.** 다이쩨 에따.	이거 주세요. 
8	**Подойди́те, пожа́луйста!** 빠다이지쩨, 빠잘루스따!	여기요!
9	**Помоги́те, пожа́луйста.** 빠마기쩨, 빠잘루스따.	도와주세요.
10	**Я пло́хо говорю́ по-ру́сски.** 야 쁠로하 가바류 빠-루스끼.	러시아어를 잘 못합니다.
11	**Я из Коре́и.** 야 이스 까레이.	한국에서 왔습니다.

등장인물

M Маша 마샤   **C** Саша 사샤

A Аптекарь 아프쩨까리 약국 직원

Б Бортпроводник 보르트쁘라바드니크 승무원

Бармен 바르멘 바텐더

В Водитель 바지찔 운전기사

Ж Женщина 젠쉬나 여성

 И Инспектор 인스뻬크따르 심사 직원

 К Кассир 까시르 계산원

 О Официант 아피쯔안트 남자 종업원

 Официантка 아피쯔안트까 여자 종업원

 П Полицейский 빨리쩨이스끼 경찰관

 Продавец 쁘라다베쯔 판매원

 Р Работник 라보트니크 직원

 Ч Человек 칠라베크 사람

1

맛집
Вкусные рестораны

- **01** # 카페에서
- **02** # 브런치 주문하기
- **03** # 러시아 음식점에서
- **04** # 샤슬릭 주문하기
- **05** # 킹크랩 주문하기
- **06** # 패스트푸드 주문하기
- **07** # 블린 주문하기
- **08** # 술집에서
- **09** # 배달 음식 주문하기
- **10** # 테이블 예약하기

러시아 음식점 이용 팁!

카페에서 В кафе

Ла́тте, пожа́луйста.
라떼, 빠잘루스따.

Како́й объём?
까꼬이 아브욤?

Ма́ленький.
말린끼.

Сре́дний / Большо́й
스레드니 / 발쇼이

Что́-нибудь ещё?
쉬또-니부찌 이쑈?

Нет.
녜트.

M: 카페라테 주세요.

K: 무슨 사이즈요? / **M:** 작은 거요. (중간/ 큰)

K: 다른 건요? / **M:** 없어요.

K: 여기서 드세요 아니면 가져가나요? /
M: 가져가요.
K: 성함은요? / M: 마샤.

Tip. **카페 종업원이 내 이름을?**

일부 카페에서는 손님이 카운터에서 직접 주문할 때 마지막에 이름을 묻기도 합니다. 음료가 준비되면, 종업원이 그 이름을 부릅니다. 이때 서로 말하기 쉽고 듣기 쉽게 하기 위해, Антóн 안똔, Táня 따냐 같은 간단한 러시아어 이름으로 말해도 됩니다.

[**카페 메뉴** Меню́ в кафе́]

- Горя́чие напи́тки 가랴치예 나삐트끼 뜨거운 음료
- Холо́дные напи́тки 할로드느예 나삐트끼 차가운 음료

Ко́фе 꼬페 커피

- Эспре́ссо 에스프레소 에스프레소
- Макиа́то 마끼아또 마키아토
- Америка́но 아미리까노 아메리카노
- Ла́тте 라떼 라테
- Мо́кко 모까 (Моккачи́но 모까치노) 모카
- Капучи́но 까뿌치노 카푸치노
- Холо́дный ко́фе 할로드느이 꼬페 / Айс-ко́фе 아이스-꼬페 아이스커피
- Глясе́ 글랴세 글라세 (아이스크림을 얹은 차가운 커피)

Чай 차이 차

- Чёрный чай 쵸르느이 차이 홍차
- Зелёный чай 질료느이 차이 녹차

- Молоко́ 말라꼬 우유
- Моро́женое 마로즈나예 아이스크림

+ 추가 표현 +

➔ 아이스커피가 메뉴에 없을 때

얼음 추가 되나요?
Мо́жно со льдо́м?
모즈나 살돔?

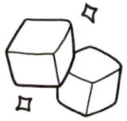

아이스커피 있어요?
Есть ко́фе со льдо́м?
예스찌 꼬페 살돔?

Есть айс-ко́фе?
예스찌 아이스-꼬페?

Tip. 아이스커피가 안 되는 카페도 있을 수 있으니, 주문 전 확인하세요.

➔ 주문 시 또는 카운터에 요청 사항이 있을 때

샷 추가요.
Экстра-шо́т, пожа́луйста.
에크스트라-쇼트, 빠잘루스따.

진한 커피 주세요.
Кре́пкий ко́фе, пожа́луйста.
끄레프끼 꼬페, 빠잘루스따.

_ Манже́т 만제트 컵 홀더
_ Тру́бочка 뜨루바츠까 빨대
_ Сиро́п 시로프 시럽

브런치 주문하기 Заказываем бранч

БРАНЧ КАФЕ

Я одна́.
야 아드나.

Я оди́н.
야 아진.
(남성일 때)

Мину́ту, пожа́луйста.
Проходи́те сюда́.
미누뚜, 빠잘루스따. 쁘라하지쩨 슈다.

Нас дво́е. /
나ㅅ 드보예.

Нас тро́е. /
나ㅅ 뜨로예.

Нас че́тверо.
나ㅅ 체트비라.

Напи́тки?
나삐트끼?

Нет.
녜트.

M: 한 명이요. (둘/ 셋/ 넷) /
O: 잠시만요. 이쪽으로 오세요.
O: 마실 건요? /
M: (필요) 없어요.

Tip. 성과 수에 따른 러시아어 표기

러시아어는 말하는 주체의 성과 수에 따라 술어나 단어 형태가 바뀔 때가 있습니다.
이 경우 이 책에서는 별도로 표기했습니다.

O: 주문하시겠어요? / **M:** 아직이요.
M: 여기요!
M: 이거 주세요.

O: 맛있는 식사 되세요. / **M:** 고마워요.

O: 더 필요한 거 있으세요? / **M:** 아니요, 괜찮아요.

O: 치워 드릴까요? / **M:** 네.
O: 더 필요한 거 있으세요? / **M:** 계산서 주세요. 　* Всего 합계

[아침 식사 메뉴 Меню завтраков]

- Яи́чница с помидо́рами и то́стом
  이이쉬니짜 스 빠미도라미 이 또스땀 토마토 계란 프라이, 토스트

- Яи́чница с беко́ном 이이쉬니짜 스 비꼬남 베이컨 계란 프라이

- Омле́т с гриба́ми 아믈례트 스 그리바미 버섯 오믈렛

- Омле́т со шпина́том 아믈례트 사 쉬삐나땀 시금치 오믈렛

- Ка́ша ри́совая моло́чная 까샤 리사바야 말로츠나야 우유쌀죽

- Сэ́ндвич с ветчино́й и сы́ром 샌드비치 스 빗치노이 이 스람
  햄치즈 샌드위치

- Блины́ 블리느 / Бли́нчики 블린치끼 블린 (얇은 팬케이크)

Tip. 블린은 블린 전문점에서는 큰 크기로 1개라 단수형, 호텔 조식으로는
작은 크기로 2개 정도가 나와서 복수형으로 메뉴판에 쓰여 있습니다.

- Сок я́блочный 소크 야블라츠느이 사과 주스

- Сок апельси́новый 소크 아뻴시나브이 오렌지 주스

- Сок тома́тный 소크 따마트느이 토마토 주스

- Чай или ко́фе 차이 일리 꼬폐 차 또는 커피

+ 추가 표현 +

➜ 뭐 먹을지 고민될 때

추천 메뉴가 뭐예요?
Что порекоменду́ете?
쉬또 빠리까민두이쩨?

저 사람들이 먹는 것과 같은 걸로 주세요.
Да́йте то, что у них.
다이쩨 또, 쉬또 우 니ㅎ.

➜ 사이드 메뉴

계란 프라이를 완숙으로 해 주세요.
Яи́чницу с прожа́ренным желтко́м.
이이쉬니쭈 스 쁘라자리늼 즐트꼼.

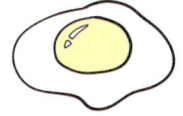

감자튀김 주세요.
Карто́фель фри.
까르또필 프리.

러시아 음식점에서 В ресторане русской кухни

Что бу́дете?
쉬또 부지쩨?

Сала́т "Це́зарь" и мясны́е котле́ты.
살라т 쩨자리 이 미스느예 까틀례뜨.

кури́ные 꾸리느예 / ры́бные 르브느예

Подойди́те, пожа́луйста!
빠다이지쩨, 빠잘루스따!

Что бу́дете зака́зывать?
쉬또 부지쩨 자까즈바찌?

Сала́т "Це́зарь", мясны́е котле́ты, бефстро́ганов.
살라т 쩨자리, 미스느예 까틀례뜨, 비프스트로가나ㅍ.

C: 뭐 먹을 거예요? / M: 시저 샐러드와 고기 커틀릿이요. (치킨/ 생선)

C: 저기요!

O: 뭘 주문하시겠어요? /

C: 시저 샐러드, 고기 커틀릿, 비프스트로가노프 주세요.

O: 사이드 디쉬는요? / C: 뭐 있어요?
O: 밥과 으깬 감자가 있어요. / C: 밥으로 주세요.

O: 빵이 필요해요? / **M:** 아니요.
O: 마실 건 무엇으로 하시겠어요? /
M: 크바스요.

Tip. '크바스'란?

크바스는 호밀이나 호밀 빵으로 만든 전통 발효 탄산 음료이며, 제품에 따라 도수가 0.7~2.6%까지 있습니다. 무알코올도 있으니, 골라 즐기세요.

[러시아 음식 Русская кухня]

- Сала́т «Винегре́т» 살라ㅌ 〈비니그레ㅌ〉 비네그레트 샐러드
  (각종 야채와 비트, 절인 오이, 발효 양배추로 만든 샐러드)

- Сала́т «Оливье́» 살라ㅌ 〈알리비예〉 올리비에 샐러드
  (각종 야채, 고기나 햄, 절인 오이로 만든 마요네즈 샐러드)

- Борщ 보르쉬 보르시 (각종 야채, 비트, 고기로 끓인 수프)
- Соля́нка 살랸까 솔랸카 (토마토 소스, 절인 오이, 고기와 햄으로 끓인 수프)
- Уха́ 우하 우하 (생선과 감자로 끓인 맑은 수프)

- Бефстро́ганов 비프스트로가나ㅍ 비프스트로가노프
  (쇠고기와 사워크림 소스로 만든 요리)
- Голубцы́ 갈루프쯔 갈루프츠 (고기 양배추 롤)
- Котле́ты 까틀레뜨 커틀릿
- Пельме́ни 뻴몌니 만두

- Квас 끄바ㅅ 크바스 (호밀빵으로 만든 전통 탄산 음료)
- Морс 모르ㅅ 모르스 (레드베리나 크랜베리로 만든 음료)

- Сок 소ㅋ 쥬스
- Лимона́д 리마나ㅌ 레모네이드

샤슬릭 주문하기 Заказываем шашлык

04

Это какое мясо?
에따 까꼬예 먀사?

Свинина, баранина, курица.
스비니나, 바라니나, 꾸리짜.

Дайте вот это. Два.
다이쩨 보ㅌ 에따. 드바.

C: 이게 무슨 고기죠? / **O:** 돼지고기, 양고기, 닭고기예요.
C: 이걸로 주세요. 두 개요.

Два нельзя.
Нужно три или больше.
드바 닐쟈. 누즈나 뜨리 일리 볼셰.

Бара́нина – два.
Ку́рица – оди́н.
바라니나 – 드바.
꾸리짜 – 아진.

Что ещё?
쉬또 이쑈?

О́вощи-гриль, хлеб и пи́во.
오바쒸-그릴, 흘례ㅍ 이 삐바.

O: 두 개는 주문이 안 됩니다.
세 개 이상 하셔야 합니다. /
C: 양고기 두 개. 닭고기 한 개요.

O: 다른 건요? /
C: 그릴 채소, 빵 그리고 맥주요.

Tip. 샤슬릭 주문은 몇 개 이상?

음식점에 따라 샤슬릭을 한 개부터
주문할 수도 있고, 두 개나 세 개 이상
주문해야 하는 곳도 있으니 참고하세요.

[**샤슬릭 메뉴** Меню в шашлычной]

- **Шашлы́к из ку́рицы** 샤쉴리ㅋ 이스 꾸리쯔
  닭고기 샤슬릭

- **Шашлы́к из свини́ны** 샤쉴리ㅋ 이스 스비니느
  돼지고기 샤슬릭

- **Шашлы́к из бара́нины** 샤쉴리ㅋ 이즈 바라니느
  양고기 샤슬릭

- **Шашлы́к из говя́дины** 샤쉴리ㅋ 이즈 가뱌지느
  쇠고기 샤슬릭

- **Ассорти́ из шашлыко́в** 아싸르찌 이스 샤쉴리꼬ㅍ
  모둠 샤슬릭

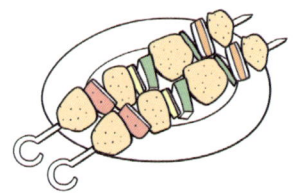

- **Овощна́я наре́зка** 아바쒸나야 나레스까 썬 채소
- **О́вощи-гриль** 오바쒸-그릴 그릴로 구운 채소

✚ 추가 표현 ✚

➜ **음식 재료가 궁금할 때**

이건 무엇으로 만들어졌어요?
Это из чего?
에따 이스 치보?

돼지고기로요.
Из свини́ны.
이스 스비니느.

_ говя́дины 가뱌지느 쇠고기
_ бара́нины 바라니느 양고기
_ ку́рицы 꾸리쯔 닭고기

➜ **음식이 언제 나오는지 궁금할 때**

언제 될 예정이에요?
Когда́ бу́дет гото́во?
까그다 부지트 가또바?

몇 분 기다려야 해요?
Ско́лько мину́т ждать?
스꼴까 미누트 즈다찌?

➜ **음식이 빨리 안 나올 때**

실례지만, 우리가 주문한 거 언제 갖다주나요?
Извини́те, когда́ принесу́т наш зака́з?
이즈비니쩨, 까그다 쁘리니수트 나쉬 자까ㅅ?

킹크랩 주문하기 Заказываем крабы

Я брони́ровал.
야 브라니라발.

брони́ровала 브라니라발라
(여성일 때)

На како́е и́мя?
나 까꼬예 이먀?

Са́ша.
사샤.

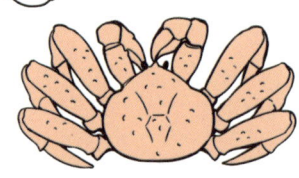

Кра́бы есть?
끄라브 예스찌?

Да. Проходи́те, пожа́луйста.
다. 쁘라하지쪠, 빠잘루스따.

C: 테이블 예약하고 왔어요.
O: 어떤 이름으로 (예약했어요)? /
C: 사샤.
C: 게 있어요? / O: 네. 들어오세요.

Tip. 킹크랩이 있는지 확인하기

냉동 게가 아닌 생물로 요리하는 음식점은 영업 시간이라도 품절될 수 있으니, 가기 전에 킹크랩이 있는지 확인해 보는 것이 좋습니다.

C: 캄차카 게(킹크랩) 주세요.
한 명 더 올 거예요.

O: 얼마나 드릴까요? /

C: 2킬로그램이요.

Tip. '캄차카 게'란?

캄차카반도 근처 바다에서 잡힌 게를 말합니다. 우리나라에서 '킹크랩'으로 익숙한 종류의 이 게를 러시아어로는 'Камча́тский краб 깜차쯔끼 끄라ㅍ 캄차카 게'라고 부릅니다.

Креве́тки есть?
끄리볘트끼 예스찌?

Да. Вот ассорти́ из креве́ток.
다. 보ㅌ 아사르찌 이스 끄리볘따ㅋ.

Э́то на ско́лько челове́к?
에따 나 스꼴까 칠라볘ㅋ?

Приме́рно на двои́х.
쁘리몌르나 나 드바이ㅎ.

Да́йте, пожа́луйста, одну́ по́рцию.
다이쩨, 빠잘루스따, 아드누 뽀르쯔유.

Tip. 몇 인분?

요리에 따라 1인분이 아닐 수 있으니, 몇 인분짜리인지 메뉴에서 꼭 확인하세요.

C: 새우는 있어요? / **O:** 네. 이건 모듬 새우예요.
C: 이건 몇 인분짜리예요? / **O:** 약 2인분이에요.
C: 이걸로 하나 주세요.

+ 추가 표현 +

➔ 웨이터에게 필요한 것을 요청할 때

<u>소스</u> 주세요.
Да́йте, <u>соус</u>, пожа́луйста.
다이쩨, 소우ㅅ, 빠잘루스따.

_ ви́лку 빌꾸 포크
_ па́лочки 빨라츠끼 젓가락
_ салфе́тки 살페트끼 냅킨

➔ 해산물 재료가 궁금해!

_ камча́тский краб 깜차쯔끼 끄라ㅍ 캄차카 게(킹크랩)
  = короле́вский краб 까랄례프스끼 끄라ㅍ
_ краб волоса́тик 끄라ㅍ 발라사찌ㅋ 털게
_ краб опи́лио 끄라ㅍ 아삘리오 대게

_ креве́тка 끄리베트까 새우
_ кальма́р 깔마ㄹ 오징어
_ осьмино́г 아시미노ㅋ 문어
_ гребешки́ 그리비쉬끼 조개
_ у́стрицы 우스트리쯔 굴
_ сёмга 숌가 연어

패스트푸드 주문하기 Заказываем фастфуд

Что вы хоти́те?
쉬또 브 하찌쩨?

Оди́н чи́збургер.
아진 치즈부르기르.

Ко́мбо?
꼼보?

Нет.
녜트.

K: 무엇으로 하시겠어요? /
C: 치즈버거 하나요.
K: 세트예요? / C: 아니요.

Tip. 세트 메뉴를 주문하고 싶을 때

패스트푸드점에서 '세트 메뉴'는 ко́мбо 꼼보 라고 합니다. '치즈버거 세트'를 주문한다면 'ко́мбо с чи́збургером 꼼보 스 치즈부르게람'이라고 말하면 됩니다.

K: 음료는요? / **C:** 콜라요. (레모네이드/ 오렌지 주스)

K: 또 다른 건요? / **C:** 사과파이요.

K: 15분 기다려야 해요. / **C:** 좋아요.

K: 여기서 드세요 아니면 가져가세요? / C: 여기서 먹어요.
K: 250루블입니다. / C: 카드로 지불할게요. (현금)

+ 추가 표현 +

➔ 세트 메뉴 주문할 때

1번 콤보(세트)로 주세요.
Ко́мбо № 1 (но́мер оди́н), пожа́луйста.
꼼보 노미르 아진, 빠잘루스따.

3번 콤보(세트)로 2개 주세요.
Два ко́мбо № 3 (но́мер три), пожа́луйста.
드바 꼼보 노미르 뜨리, 빠잘루스따.

➔ 기타 주문 요청

반으로 잘라 주세요.
Разре́жьте попола́м, пожа́луйста.
라즈례쉬쩨 빠빨람, 빠잘루스따.

양파 빼 주세요.
Без лу́ка, пожа́луйста.
베즈 루까, 빠잘루스따.

케첩 주세요.
Да́йте ке́тчуп, пожа́луйста.
다이쩨 꼐추ㅍ, 빠잘루스따.

_ со́ус чи́ли 소우ㅅ 칠리 칠리소스

블린 주문하기 Заказываем блины

Есть места́?
예스찌 미스따?

Сейча́с нет. Подожди́те.
시차ㅅ 녜ㅌ. 빠다즈지쩨.

Ско́лько мину́т ждать?
스꼴까 미누ㅌ 즈다찌?

Мину́т 10 (де́сять).
미누ㅌ 제시찌.

M: 자리가 있어요? / **O:** 지금 없어요. 기다리세요.
M: 몇 분 기다려야 해요? / **O:** 약 10분이요.

M: 무슨 블린 있어요? /
O: 버터 블린, 잼 블린, 사과 블린이요.
M: 사과 블린 주세요.
O: 음료는요? / **M:** 홍차 주세요. (녹차)

Tip. '블린'이란?

블린은 일종의 얇은 팬케이크입니다.
곁들인 것에 따라 식사 대용이나
디저트로 먹을 수 있습니다.

[**블린 메뉴** Меню блинов]

Сы́тные блины́ 스트느에 블리느 포만감 주는 블린 (식사용)

- блин с ма́слом 블린 스 마슬람 버터 블린
- блин с ветчино́й и сы́ром 블린 스 빗치노이 이 스람 햄 치즈 블린
- блин с фа́ршем 블린 스 파르솀 다진 고기 블린
- блин с ку́рицей 블린 스 꾸리쩨이 닭고기 블린

Сла́дкие блины́ 슬라트끼예 블리느 단맛의 블린 (디저트용)

- блин с мёдом 블린 스 묘담 꿀 블린
- блин с варе́ньем 블린 스 바례니엠 잼 블린
- блин с тво́рогом 블린 스 뜨보라감 커드(응유) 블린
- блин с я́блоком 블린 스 야블라깜 사과 블린

✛ 추가 표현 ✛

➜ 주문과 다르게 나왔을 때

나는 이걸 주문하지 않았어요.
Я э́то не зака́зывал(а).
야 에따 니 자까즈발(라).

제가 주문한 게 아니에요.
Э́то не мой зака́з.
에따 니 모이 자까스.

저는 다른 걸 시켰어요.
Я зака́зывал(а) друго́е.
야 자까즈발(라) 드루고예.

왜 하나인가요? 우리는 두 개 시켰는데요.
Почему́ одно́? Мы зака́зывали два.
빠치무 아드노? 므 자까즈발리 드바.

➜ 주문을 변경하거나 추가할 때

주문을 변경해도 돼요?
Мо́жно измени́ть зака́з?
모즈나 이즈미니찌 자까스?

주문을 변경하고 싶어요.
Хочу́ измени́ть зака́з.
하추 이즈미니찌 자까스.

(같은 것으로) 또 하나 해도 돼요?
Мо́жно ещё одно́?
모즈나 이쑈 아드노?

술집에서 В баре

C: 생맥주 있어요? (병맥주/ 밀맥주)
Б: 네.
Б: 흑맥주요 아니면 담색 맥주요? /
C: 흑맥주요.

Tip. 러시아 생맥주의 종류

러시아에서는 맥주를 색에 따라 어두운 흑맥주와 엷은 담색 맥주로 구분합니다. 담색 맥주는 한국에서 일반적으로 많이 파는 맥주, 페일 라거와 비슷합니다.

М: 무슨 칵테일이 있어요? / **Б:** 여기 칵테일 리스트예요.
М: 모히토 주세요. / **Б:** 네.

C: 내가 낼게요. / M: 오! 고마워요!
C и M: 건배!

[칵테일 리스트 Коктейльная карта]

- Мохи́то 마히따 모히토
  = ром 롬 + мя́та 먀따 + лайм 라임
  = 럼주 + 민트 + 라임

- Маргари́та 마르가리따 마가리타
  = теки́ла 떼낄라 + лайм 라임 + соль 솔
  = 테킬라 + 라임 + 소금

- Пи́на кола́да 빠나 깔라다 피나콜라다
  = ром 롬 + коко́совый сиро́п 까꼬사브이 시로ㅍ + анана́совый сок 아나나사브이 소ㅋ
  = 럼주 + 코코넛 시럽 + 파인애플 주스

- Во́дка с со́довой 보트까 스 소다바이 보드카 & 소다
  = во́дка 보트까 + лайм 라임 + со́довая 소다바야
  = 보드카 + 라임 + 탄산수

- Ви́ски с ко́лой 비스끼 스 꼴라이 위스키 & 콜라
  = ви́ски 비스끼 + лимо́н 리몬 + ко́ла 꼴라
  = 위스키 + 레몬 + 콜라

배달 음식 주문하기 Заказ еды с доставкой

09

〈 홈페이지 / 앱 주문 〉

☐ Пи́цца «Класси́ческая»
삐짜 〈끌라시치스까야〉
클래식 피자

☑ Пи́цца «Пперо́ни»
삐짜 〈뻬뻬로니〉
페퍼로니 피자

☐ 25 см: 400 ₽
(два́дцать пять:
четы́реста)
드바짜찌 빠찌 산찌메트라ㅍ:
치트리스따 루블레이

☐ 30 см: 500 ₽
(три́дцать:
пятьсо́т)
뜨리짜찌 산찌메트라ㅍ:
삐쪼ㅌ 루블레이

☑ 35 см: 600 ₽
(три́дцать пять:
шестьсо́т)
뜨리짜찌 빠찌 산찌메트라ㅍ:
쉬소ㅌ 루블레이

☑ Ко́ла литр 꼴라 리트ㄹ:
150 ₽ (сто пятьдеся́т) 스또 삐지샤ㅌ 루블레이
콜라 1리터: 150루블

↓

- В корзи́ну ㅍ 까르지누
  장바구니에 담기

- В корзи́не 2 (два) блю́да ㅍ 까르지녜 드바 블류다
  장바구니에 2개 있습니다

- Перейти́ в корзи́ну 뻬리이찌 ㅍ 까르지누
  장바구니로 가기

↓

* см (сантиме́тров 산찌메트라ㅍ) 센티미터
₽ (рубле́й 루블레이) 루블

- Доста́вка 다스다프까: 300 ₽ (три́ста) 뜨리스따 루블레이
  배달비: 300루블

- При зака́зе бо́лее 1 300 ₽ (ты́сячи трёхсо́т) беспла́тно
  쁘리 자까제 볼례예 뜨시치 뜨료흐소트 루블레이 비스플라트나
  1,300루블 이상 주문 시 무료 배달

- О́бщая сто́имость 오프샤야 스또이마스찌:
  750 ₽ (семьсо́т пятьдеся́т) 심소트 삐지샤트 루블레이
  총 가격: 750루블

- Итого́ к опла́те 이따보 크 아플라쩨:
  1 050 ₽ (ты́сяча пятьдеся́т) 뜨시차 삐지샤트 루블레이
  결제할 총 금액: 1,050루블

↓

- А́дрес доста́вки 아드리스 다스따프끼: У́лица 울리짜 / Дом 돔
  배달 주소지: 도로명 / 번지

- Кварти́ра 끄바르찌라 / О́фис 오피스 /
  Подъе́зд 빠드예스트 / Эта́ж 이따쉬
  호 / 오피스 / 입구 / 층

- Конта́ктный телефо́н 깐따크트느이 찔리폰 / И́мя 이먀
  연락처 / 이름

↓

- Спо́соб опла́ты 스뽀사ㅍ 아플라뜨
  결제 방법

☐ Ка́ртой на са́йте   ☑ Нали́чными при получе́нии
  까르따이 나 사이쩨   날리츠느미 쁘리 빨루체니이
  사이트에서 카드 결제   수령 시 현금 결제

Tip. 앱 주문 시 확인 전화 받기

인터넷이나 앱 주문 시 확인 전화가 올 수 있습니다.
주문한 음식, 주소, 결제 방법 확인을 위해서입니다.

〈 전화 주문 〉

K: 도도 피자입니다. 안녕하세요. / C: 페퍼로니 피자와 콜라요.
K: 피자는 큰 것, 중간 것, 그리고 작은 게 있습니다. / C: 큰 거요.

к: 콜라는 1리터예요. 한 병이요? / **с:** 네.

к: 750루블입니다. 주소가 어떻게 되나요? /
с: 평화대로, 5번지, 7호, 1번 입구요. / **к:** 한 시간 뒤 배달 도착합니다.

테이블 예약하기 Заказываем столик

〈 온라인 예약 〉

- Заброни́ровать 자브라니라바찌
  예약하기

↓

- Да́та 다따 / Вре́мя 브레먀 / Ско́лько челове́к 스꼴까 칠라베ㅋ
  날짜 / 시간 / 인원수

| 📅 2025-12-24 | 🕐 18:00 | 👤 4 |

- Имя 이먀 / Фами́лия 파밀리야 /
  Но́мер телефо́на 노미ㄹ 찔리포나 / Име́йл 이메일
  이름 / 성 / 전화번호 / 이메일

Саша	Ли
+82-10-1111-1111	abcd@gmail.com

↓

- ☐ Отмени́ть ☐ Продо́лжить ☑ Заверши́ть
  아트미니찌 쁘라돌즈찌 자비르쉬찌
  취소하기 계속하기 완료하기

↓

- Подтверди́ть бронь 빠트비르지찌 브로니
  예약 확인하기

- Пожела́ния 빠즐라니야
  희망 사항

〈 예약 없이 〉

O: 테이블을 예약했어요? / M: 아니요.
O: 지금 빈 테이블이 없어요.

M: 대기자 명단에 이름을 올려 주세요.
O: 실내요 아니면 테라스요? / **M:** 테라스요.
M: 얼마 기다려야 해요? / **O:** 약 30분이요.

[러시아 간식 & 디저트]

- шаурма́ 샤우르마 샤우르마(일종의 케밥)

- пянсе́ 뻰세 핀세(왕만두)

- пирожо́к 삐라조크 피라조크(작은 파이)
  (이스트 반죽 속에 고기나 생선, 삶은 달걀, 야채, 과일, 잼 등을 넣어 기름에 튀기거나 오븐에 구운 작은 파이)

- чебуре́к 치부레크 치부레크(납작한 파이)
  (이스트를 첨가하지 않은 반죽 속에 고기를 넣어 기름에 튀긴 납작한 파이)

- торт «Медови́к» 또르트 〈미다비크〉 꿀 케이크
- торт «Наполео́н» 또르트 〈나뽈리온〉 나폴레옹 케이크
- экле́р 에클레르 에클레어(길쭉한 크림 빵)
- по́нчик 뽄치크 폰치크(러시아식 도넛)
- пы́шка 쁘쉬까 피쉬카(잼이 들어있는 러시아식 도넛)
- ватру́шка 바트루쉬까 바트루쉬카(잼이나 응유가 들어있는 오픈형 작은 파이)

러시아 음식점 이용 팁!

- **레스토랑에서 결제하기**

▶ 식사를 마치면 웨이터를 불러 계산서를 달라고 합니다.

→ 웨이터가 계산서를 테이블 위에 가져다 놓습니다.

→ 금액 확인 후, 카드나 현금을 계산서 위에 두면 웨이터가 가져갑니다.

→ 거스름돈이 발생되면 웨이터가 테이블로 가져옵니다.

- **러시아는 팁 문화가 없어요!**

서비스에 대한 만족 표시로 웨이터에게 팁을 줘도 되지만 의무는 아닙니다.

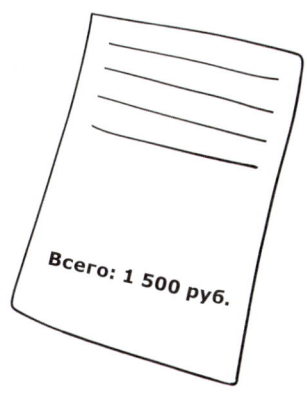

2

휴대폰
Мобильные телефоны

11 # 심카드 사기
12 # 와이파이 사용하기
13 # SNS 하기
14 # 사진 찍기
15 # 전화 통화하기
16 # 충전기 빌리기
17 # 2GIS(지도 앱) 사용하기
러시아 여행 필수 앱!

심카드 사기 Покупаем сим-карту

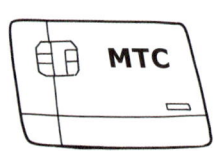

С: 심카드 사러 왔어요.
10일간 있을 거예요. (한 주/ 한 달)

П: 이건 괜찮은 요금제예요.
무제한 인터넷, 전화, 문자예요.

Tip. 선불 요금제란?

심카드 구입 후, 필요한 만큼 금액을 충전해서 사용하거나, 해당 기간 동안 무제한 데이터를 사용할 수 있는 금액의 심카드를 구매하는 방식입니다.

C: 얼마예요? /
П: 350루블이요.
C: 이걸로 할게요. /
П: 여권 주세요.

Tip. 해외에서 휴대폰을 사용하려면?

현지 심카드나 포켓 와이파이를 사용합니다. 한국에서 미리 인터넷으로 구매하거나 대여할 수도 있습니다. 심카드 교체 시, 전화번호가 바뀌어 본인 인증이나 원래 번호로 통화가 불가능하므로 주의합니다.

와이파이 사용하기 Пользуемся Wi-Fi

M: 무료 와이파이 있나요? / **K:** 네.
M: 신호가 많아요. 어느 거예요? / **K:** CAFE FREE입니다.

M: 비밀번호가 뭐예요? / **K:** 영수증에 있어요.
M: 됐다.

M: 신호가 약하네.
M: 너무 느려.
M: 최악이다! 연결이 안 돼.

✚ 추가 표현 ✚

➔ 요금제 관련 질문

어떤 요금제가 있어요?
Какие тарифы есть?
까끼예 따리프 예스찌?

심카드를 구입해서 사용 잔액을 충전하면 돼요.
Можно купить сим-карту и пополнять баланс.
모즈나 꾸삐찌 심-까르뚜 이 빠빨냐찌 발란ㅅ.

➔ 휴대폰에 잔액이 없을 때

잔액이 0이에요.
Баланс на нуле.
발란ㅅ 나 눌례.

휴대폰 잔액을 충전해야 해요.
Нужно пополнить баланс телефона.
누즈나 빠뽈니찌 발란ㅅ 찔리포나.

➔ 심카드를 교체할 때

심카드 어떻게 교체해요?
Как менять сим-карту?
까ㅋ 미냐찌 심-까르뚜?

심카드 교체 핀 있어요?
Есть скрепка для извлечения сим-карты?
예스찌 스크례프까 들랴 이즈블리체니야 심-까르뜨?

SNS 하기 | Ведём соцсети

У вас есть «Фейсбу́к»?
우 바ㅅ 예스찌 〈페이스부ㅋ〉?

Да.
다.

Я выкла́дываю фо́то и се́лфи.
야 브클라드바유 포따 이 셀피.

Кла́ссно.
끌라스나.

M: 페이스북 해요? / **C:** 네.
C: 사진과 셀카를 올려요. /
M: 좋네요.

Tip. 러시아 인기 모바일 메신저는?
러시아에서 모바일용으로 많이 쓰는
메신저는 왓츠앱(WhatsApp)입니다.

M: 친구 추가해 줘요.
C: 페이스북 이름이 뭐예요? / **M:** 마샤.

* Найти 검색

C: 지금 찾아 볼게요.

C: 이게 당신이에요? / **M:** 네, 저예요.

C: 친구 요청 보냈어요. / M: 받았어요.
M: 추가할게요. / C: 연락해요.

사진 찍기 Фотографируем

Извини́те.
Сфотографи́руйте, пожа́луйста.
이즈비니쩨. 스파따그라피루이쩨, 빠잘루스따.

Дава́йте.
다바이쩨.

С за́дним фо́ном, пожа́луйста.
스 자드님 포남, 빠잘루스따.

Хорошо́.
하라쇼.

Во весь рост 바 베시 로스ㅌ /
Ве́рхнюю часть те́ла 베르흐뉴유 차스찌 쩰라

M: 저기요. 사진 좀 찍어 주세요. / **Ч:** 주세요.

M: 배경 나오게 해 주세요. (전신샷/ 상반신샷) / **Ч:** 좋아요.

M: 사진이 흐려요.
M: 한 번 더 부탁합니다. / **Ч:** 좋아요.
M: 너무 감사합니다.

+ 추가 표현 +

➜ 사진 찍기 전에 물어보기

여기에서 사진 찍어도 되나요?
Здесь мо́жно фотографи́ровать?
즈제시 모즈나 파따그라피라바찌?

이거 사진 찍어도 되나요?
Э́то мо́жно фотографи́ровать?
에따 모즈나 파따그라피라바찌?

➜ 사진 찍기 전 확인하기

사진 촬영 / 비디오 촬영 금지
Фо́тосъёмка / Ви́деосъёмка запрещена́
포따스욤까 / 비지오스욤까 자프리쒸나

플래시 사진 촬영을 금지합니다.
Фотографи́ровать со вспы́шкой запрещено́.
파따그라피라바찌 사 프스쁘쉬까이 자프리쉬노.

Tip. 사진을 찍을 수 있는 미술관, 박물관이라도 대부분 플래시를 사용하면 안 됩니다. 사진 찍기 전, 미리 설정 환경을 확인하세요!

➜ 함께 사진 찍고 싶은 사람에게

우리 같이 사진 찍어요.
Дава́йте сфотографи́руемся вме́сте.
다바이쩨 스파따그라피루임샤 브몌스쩨.

→ 조금만 움직이면 인생샷!

왼쪽으로 / 오른쪽으로 조금만 가세요.
Немно́го нале́во / напра́во.
님노가 날례바 / 나프라바.

한 발 뒤로 / 앞으로 가세요.
Оди́н шаг наза́д / вперёд.
아진 샤ㅋ 나자ㅌ / 프뻬료ㅌ.

좀 더 가까이. / 좀 더 멀리.
Побли́же. / Пода́льше.
빠블리제. / 빠달셰.

→ 인생샷을 건졌다면?

이것은 나의 최고 사진(인생샷)이다.
Это моё лу́чшее фо́то.
에따 마요 루츠셰예 포따.

→ 사진을 받고 싶을 때

나한테 사진 보내 봐.
Скинь мне фо́то.
스끼니 므녜 포따.

전화 통화하기 Звоним по телефону

Алло́.
알로.

Э́то Ма́ша.
에따 마샤.

О! Э́то ваш но́мер?
오! 에따 바쉬 노미르?

Да. У меня́ но́вый но́мер.
다. 우 미냐 노브이 노미르.

C: 여보세요. / M: 마샤예요.
C: 오! 이거 당신 번호예요? / M: 네. 새 번호예요.

* НЕИЗВЕСТНЫЙ НОМЕР
발신자 표시 없음

✛ 추가 표현 ✛

➜ 담당자와 통화하고 싶을 때

마샤와 통화할 수 있나요?
Мо́жно Ма́шу?
모즈나 마슈?

저예요.
Слу́шаю.
슬루샤유.

그녀 / 그는 통화 중입니다.
У неё / него́ за́нято.
우 니요 / 니보 자니따.

➜ 전화를 끊거나 다시 해야 할 때

내가 나중에 전화할게요.
Я пото́м перезвоню́.
야 빠똠 뻬리즈바뉴.

➜ 휴대폰 모드

내 전화는 무음 / 진동 모드입니다.
Мой телефо́н на беззву́чном режи́ме / вибра́ции.
모이 찔리폰 나 비즈부츠남 리즈몌 / 비브라쯔이.

충전기 빌리기 Просим зарядку

Батаре́я се́ла.
바따례야 셀라.

5%

Есть заря́дка?
예스찌 자랴트까?

Да.
다.

пауэрба́нк
빠우에르반ㅋ

Где розе́тка?
그졔 라졔트까?

Вон там.
본 땀.

M: 배터리가 다 됐네요.

M: 충전기 있어요? (파워 뱅크(보조 배터리)) / **C:** 네.

M: 콘센트가 어디에 있어요? / **C:** 저기요.

Три звонка́ пропусти́л.
Мне на́до идти́.
뜨리 즈반까 쁘라뿌스찔. 므녜 나다 이찌.

пропусти́ла
쁘라뿌스찔라
(여성일 때)

9:15
Среда, 10 Июля
Пропущенный(3)

Ой!
А э́то когда́ отдава́ть?
오이! 아 에따 까그다 앗다바찌?

Пото́м.
Напиши́те СМС.
빠똠. 나삐쉬쩨 에세메스.

C: 부재중 3통이네. 나 지금 가야 해요.
M: 앗! 이거 언제 돌려주죠? /
C: 나중에요. 문자해요.

* Среда 수요일
 Июля 7월
 Пропущенный 부재중

2GIS(지도 앱) 사용하기 Пользуемся 2ГИС

М: 길을 잃었어.

М: 실례지만, 수산 시장이 어디예요? (공원/ 왕궁/ 성당/ 전망대) /

Ж: 저는 여기 처음 왔어요.

- **Ж:** 잠시만요. 여기 근처예요. / **M:** 좋네요!
- **Ж:** 교차로까지 직진하세요.
- **Ж:** 그러고 나서 좌회전이에요. (우회전)

러시아 여행 필수 앱!

1. 길찾기 앱: 구글 맵스(Google Maps) / 2GIS

- 내비게이션, 대중교통, 도보 경로를 안내합니다.
- 인터넷이 안 될 경우를 대비해 미리 여행 지역 지도를 다운로드할 수 있는 '오프라인 지도' 서비스도 있습니다.
- 현 위치에서 필요한 시설(식당, 바, 숙소 등)을 검색하면 주변에 있는 가게를 보여줍니다. 평점과 리뷰를 참고해 원하는 곳을 선택합니다.
- 2GIS의 대중교통 정보는 일부 지역에서 구글 맵스보다 더 정확합니다.

- 2GIS는 장소 명칭이 러시아어로 되어 있어 두 앱을 같이 쓰는 게 좋습니다.

2. 번역 앱: 구글 번역(Google Translate)

- 전 세계적으로 많이 쓰는 번역 앱입니다.
- 음성 인식 번역, 사진에 있는 글자 번역도 지원합니다.

3. 택시 앱: 얀덱스 택시(Yandex Taxi) / 막심 택시(Maxim Taxi)

- 러시아에서 많이 쓰는 택시 앱입니다.
- 목적지를 입력할 수도 있고, 지도 위에 직접 목적지를 선택할 수 있습니다.
- 원하는 차종을 선택할 수 있으며, 차종에 따라 금액이 다릅니다.
- 택시의 색깔, 번호판, 도착 예상 시간이 안내됩니다.
- 택시가 근처에 오면 차종, 택시의 색깔, 번호판을 확인하고 탑승합니다.
- 심카드 교체 시, 전화번호가 바뀌어 카드 인증이나 기사 연락을 못 받을 수 있으니 주의하세요.

4. 러시아철도청 앱: RZD Passengers

- 열차 시간표 확인 및 예약이 가능합니다.
- 기차역 정보가 제공됩니다.

5. 숙박 앱: 에어비앤비(Airbnb)

- 현지인이 사는 방이나 집, 아파트를 공유하는 서비스입니다.
- 여행지를 입력하여 마음에 드는 숙소의 가격, 위치, 사진, 후기, 청소비, 환불 정책 등을 확인하고 예약 신청을 합니다.
- 설정에서 '여행지 통화 단위'로 변경 후 결제하면 환율 수수료가 이중으로 부과되지 않습니다.

3

쇼핑
Шопинг

- **18** # 옷 가게에서
- **19** # 신발 가게에서
- **20** # 화장품 가게에서
- **21** # 계산대에서
- **22** # 세금 환급받기
- **23** # 환불 & 교환하기
- **24** # 온라인 쇼핑 서비스

쇼핑 리스트!

옷 가게에서 В магазине одежды

Здра́вствуйте! Чем вам помо́чь?
즈드라스트부이쩨! 쳄 밤 빠모츠?

Про́сто смотрю́.
쁘로스따 스마트류.

Есть бе́лый цвет?
예스찌 벨르이 쯔베트?

Да. Како́й разме́р?
다. 까꼬이 라즈몌르?

чёрный / 쵸르느이
се́рый 세르이

Сре́дний.
스례드니.

Ма́ленький 말린끼

Большо́й 발쇼이

П: 안녕하세요! 무엇을 도와드릴까요? /
M: 그냥 구경 중이에요.

M: 흰색 있어요? (검은색/ 회색) /
П: 네. 무슨 사이즈요?

M: 중간이요. (작은/ 큰)

Tip. 사이즈 말하기

러시아에서 사이즈를 말할 때 '작은, 중간, 큰'을 영어 'S, M, L' 이라고 해도 무방합니다.

м: 입어 볼 수 있어요? / **п:** 네, 그러시면 됩니다.
м: 탈의실이 어디예요? / **п:** 이쪽으로 오세요.

신발 가게에서 В обувном магазине

П: 무엇을 찾고 있으세요? / C: 스니커즈요.

П: 이거 어때요? / C: 마음에 들어요.

Tip. **러시아 신발 사이즈 표**

한국		230	235	240	250	260	270	280
러시아	남	37	37.5	38	39	40	41	42
	여	36	36.5	37	38	39	40	41

C: 42 사이즈 있어요? / П: 그 사이즈 없어요.

П: 41 사이즈 신어 보세요.

C: 맞네요. (꽉 조여요/ 헐렁해요)

화장품 가게에서 В магазине косметики

Я ищу́ то́ник.
야 이슈 또니ㅋ.

крем-лосьо́н 끄롐-라시욘 /
со́лнцезащи́тный крем
손쩨자쒸트느이 끄롐

Како́й лу́чше?
까꼬이 루츠세?

Вот э́тот.
보ㅌ 에따ㅌ.

Для жи́рной ко́жи мо́жно?
들랴 즈르나이 꼬즈 모즈나?

Да, э́то для всех ви́дов ко́жи.
다, 에따 들랴 프세ㅎ 비다ㅍ 꼬즈.

M: 스킨 찾고 있어요. (로션/ 선크림)

M: 뭐가 잘 나가요? / **П:** 이거요.

M: 지성 피부에 괜찮아요? / **П:** 네, 모든 피부용이에요.

M: 테스트할 수 있어요? / **П:** 네, 이 테스터 써 보세요.
П: 마음에 드세요? / **M:** 약간 끈적거려요.

+ 추가 표현 +

➜ 사이즈에 대해 말할 때

저는 작은 / 중간 / 큰 사이즈입니다.
У меня ма́ленький / сре́дний / большо́й разме́р.
우 미냐 말린끼 / 스레드니 / 발쇼이 라즈메르.

더 작은 / 더 큰 사이즈 있어요?
Есть разме́р побо́льше / поме́ньше?
에스찌 라즈몌르 빠볼셰 / 빠몌니셰?

➜ 어떤 물건을 보고 싶을 때

저거 보여 주세요.
Покажи́те вот это.
빠까즈쩨 보т 에따.

➜ 매장 위치를 물어볼 때

식료품점은 어디 있어요?
Где продукто́вый магази́н?
그졔 쁘라두크또브이 마가진?

전자 제품 매장은 몇 층인가요?
На како́м этаже́ эле́ктротова́ры?
나 까꼼 에따졔 엘례크트라따바르?

→ 진열용이 아닌 다른 물건을 요청할 때

새것 있어요?
Есть но́вое?
에스찌 노바예?

죄송하지만, 마지막 물건입니다.
Извини́те, э́то после́днее.
이즈비니쩨, 에따 빠슬례드녜예.

다 팔렸어요.
Всё распро́дано.
프쇼 라스프로다나.

→ 할인 상품 확인할 때

이거 할인하나요?
Э́то со ски́дкой?
에따 사 스끼트까이?

20% 할인입니다.
Ски́дка - 20% (два́дцать проце́нтов).
스끼트까 – 드바짜찌 쁘라쩬따ㅍ.

계산대에서 В кассе

Где касса?
그졔 까사?

На нижнем этаже́.
나 니즈녬 에따제.

⇧ ве́рхнем этаже́
베르흐녬 에따제

Всего́ 5 000 (пять ты́сяч) рубле́й.
프시보 빠찌 뜨시ᄎ 루블레이.

M: 계산대가 어디예요? / **П:** 아래층이요. (위층)
K: 총 5,000루블입니다.

M: 할인 가격인가요? / **K:** 네.
K: 비밀번호요.
K: 영수증입니다.

Tip. 러시아에서 카드 결제 시

러시아에서 삽입형 카드 결제기는 결제 시 비밀번호를 입력해야 합니다. 접촉식일 때는 3,000루블 초과 결제 시 비밀번호를 입력해야 합니다.

세금 환급받기 Возвращаем налог

Можно оформить чек такс-фри?
모즈나 아포르미찌 체크 따크스-프리?

Да, покажите ваш паспорт.
다, 빠까즈쩨 바쉬 빠스빠르트.

Я оформлю вам электронный чек.
야 아포르믈루 밤 엘리크트로느이 체크.

На таможне в аэропорту предъявите товар и номер чека.
나 따모즈녜 바 에라빠르뚜 쁘리드이비쩨 따바르 이 노미르 체까.

М: 세금 환급 신청할 수 있어요? / **К:** 네, 여권 보여 주세요.

К: 영수증을 발급해 드리겠습니다. 공항 세관에서 물품과 영수증 번호를 제시하세요.

+ **추가 표현** +

→ **가격 흥정할 때**

할인해 주실 수 있어요?
Мо́жно ски́дку?
모즈나 스끼트꾸?

조금 싸게 해 주실 수 있어요?
Мо́жно подеше́вле?
모즈나 빠지세블레?

→ **가격, 할인, 쿠폰 확인할 때**

싸네요. / 비싸네요.
Дёшево. / До́рого.
죠쉬바. / 도라가.

할인 적용이 안 되었어요.
Мне посчита́ли без ски́дки.
므녜 빠쒸딸리 베스 스끼트끼.

이 쿠폰 쓸 수 있어요?
Мо́жно с э́тим купо́ном?
모즈나 스 에찜 꾸뽀남?

→ **거스름돈을 못 받았을 때**

실례지만, 거스름돈 받을 수 있나요?
Извини́те, а сда́ча бу́дет?
이즈비니쩨, 아 즈다차 부지ㅌ?

환불 & 교환하기 Возврат и обмен товара

C: 환불하고 싶어요.

K: 영수증 있으세요? / C: 여기요.

K: 이거 세일 상품이었어요.
K: 죄송하지만, 환불이 안 돼요.
C: 보세요. 여기 흠이 있어요. / **K:** 음...

C: 그러면 교환하면 되나요?

K: 네. 다른 물건으로 가져오세요. / C: 고마워요.

✚ 추가 표현 ✚

➜ 반품이나 교환할 때

반품하고 싶어요.
Я хочу́ верну́ть това́р.
야 하추 베르누찌 따바ㄹ.

다른 사이즈로 교환할 수 있나요?
Мо́жно поменя́ть на друго́й разме́р?
모즈나 빠미냐찌 나 드루고이 라즈몌ㄹ?

➜ 다른 가격으로 계산되었을 때

가격표와 다른 가격이에요.
На це́ннике друга́я цена́.
나 쩨니꼐 드루가야 쯔나.

➜ 물건이 불량품일 때

상품이 불량품이에요.
Това́р брако́ванный.
따바ㄹ 브라꼬바느이.

온라인 쇼핑 서비스 Сервис онлайн-шопинга

⟨ 온라인 상담원에게 보내는 이메일 ⟩

Здра́вствуйте.
즈드라스트부이쩨.

Мой но́мер зака́за - 123 (сто два́дцать три).
모이 노미ㄹ 자까자 – 스또 드바짜찌 뜨리.

Я получи́ла повреждённый това́р.　　　получи́л
야 빨루칠라 빠브리즈죠느이 따바ㄹ.　　　　　빨루칠 (남성일 때)

Жела́ю верну́ть това́р и получи́ть де́ньги обра́тно.
즐라유 비르누찌 따바ㄹ 이 빨루치찌 제니기 아브라트나.

Укажи́те спо́соб возвра́та.
우까즈쩨 스뽀사ㅍ 바즈브라따.

Фо́то прилага́ется.
포따 쁘릴라가이짜.

С уваже́нием,
스 우바제니옘,

Ким Ма́ша
김 마샤

안녕하세요.
주문 번호는 123입니다.
파손된 상품을 받았습니다.
상품을 반품하고 환불하고 싶습니다.
환불 방법을 알려 주세요.
사진을 첨부합니다.

안녕히 계세요(경의를 표하며),
김 마샤

+ 추가 표현 +

→ 기타 불만 사항

제품을 아직 못 받았어요.
Я ещё не получи́л(а) това́р.
야 이쑈 니 빨루칠(라) 따바르.

주문을 취소하고 싶어요.
Я хочу́ отмени́ть зака́з.
야 하추 아트미니찌 자까ㅅ.

다른 물건을 받았어요.
Я получи́л(а) друго́й това́р.
야 빨루칠(라) 드루고이 따바르.

다른 사이즈 / 색깔로 왔어요.
Пришёл друго́й разме́р / цвет.
쁘리숄 드루고이 라즈몌르 / 쯔베트.

→ 쇼핑 사이트에서 유용한 단어

_ созда́ть акка́унт 사즈다찌 아까운뜨 계정 생성
_ това́р 따바르 제품
_ ски́дка 스끼트까 할인
_ опла́та 아쁠라따 결제
_ доста́вка 다스따프까 배송
_ беспла́тная доста́вка 비스쁠라트나야 다스따프까 무료 배송
_ возвра́т 바즈브라트 반품
_ отсле́живание 아트슬례즈바니예 배송 추적
_ конта́кты 깐따크뜨 연락처 (고객 센터)

103

쇼핑 리스트!

- оде́жда 아제즈다 옷
- брю́ки 브류끼 바지
- шо́рты 쇼르뜨 반바지
- ю́бка 유프카 치마
- жиле́т 즐레트 조끼

- носки́ 나스끼 양말
- перча́тки 뻬르차트끼 장갑
- ни́жнее бельё 느즈녜예 빌리요 속옷
- купа́льник 꾸빨니ㅋ 수영복

- о́бувь 오부피 신발
- су́мка 숨까 가방
- кошелёк 까쉴료ㅋ 지갑

- украше́ния 우크라세니야 장신구
- ожере́лье 아즈렐리예 (보석, 진주) 목걸이
- брасле́т 브라슬롓 팔찌
- се́рьги 세르기 귀걸이
- кольцо́ 깔쪼 반지

- косме́тика 까스몌찌까 화장품
- очища́ющее сре́дство
  아치쌰유쎼예 스롓쯔트바 세안제
- сре́дства для ухо́да за ко́жей
  스롓쯔트바 들랴 우호다 자 꼬제이 기초화장
- декорати́вная косме́тика
  지까라찌브나야 까스몌찌까 색조 화장
- тинт для губ 틴트 들랴 구ㅍ 틴트
- лак для ногте́й 라ㅋ 들랴 나그쩨이 매니큐어
- духи́ 두히 향수

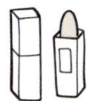

- сувени́р 수비니ㄹ 기념품
- матрёшка 마트료쉬까 마트료쉬카

4

교통
Транспорт

25 # 버스 & 지하철 타기
26 # 택시 타기
27 # 기차표 사기
28 # 렌터카 이용하기
29 # 주유소에서
얀덱스 택시 앱 이용 방법!

버스 & 지하철 타기 Едем на автобусе и метро

- Где остано́вка?
  그제 아스따노프까?
- Пройди́те два кварта́ла.
  쁘라이지쩨 드바 끄바르딸라.

- Туда́?
  뚜다?
- Да.
  다.

- Там есть авто́бус до це́нтра?
  땀 예스찌 아프또부ㅅ 다 쩬트라?
- Ну́жно де́лать переса́дку.
  누즈나 젤라찌 뻬리사트꾸.

M: 버스 정류장이 어디예요? / **Ч:** 두 블록 가세요.

M: 이 방향이요? / **Ч:** 네.

M: 시내 가는 버스가 거기 있어요? / **Ч:** 갈아타야 해요.

M: 어떻게 가는 게 나을까요? / **Ч:** 지하철을 타세요.

M: 지하철역은 어디예요? / **Ч:** 가장 가까운 역…

Ч: 저기, 모퉁이 돌면 돼요.

М: 1회권 1장 주세요.

М: 실례지만,
  여기서 타면 되나요? /
Ч2: 반대편이요.

Tip. 교통비를 아껴라!

지하철, 버스, 트롤리버스, 전차를 이용할 수 있는 **Единый** 예지느이 티켓이 있습니다. 탑승 횟수에 맞게 1~2회권(5일 내 사용)이나 60회권(45일 내 사용), 90분, 1일, 3일, 30일 무제한 티켓을 구입하면 좋습니다.

✚ 추가 표현 ✚

➜ 모스크바 붉은 광장 가는 길

붉은 광장까지 어떻게 갈 수 있나요?
Как добра́ться до Кра́сной пло́щади?
까ㅋ 다브라짜 다 끄라스나이 쁠로쒸지?

오호트느이 랴드역까지 가야 해요.
Ну́жно е́хать до ста́нции «Охо́тный ряд».
누즈나 예하찌 다 스딴쯔이 〈아호트느이 랴ㅌ〉.

교차로까지 직진해 가다가, 그다음에 우회전하세요.
Иди́те пря́мо до перекрёстка, пото́м напра́во.
이지쩨 쁘랴마 다 뻬리크료스트까, 빠똠 나프라바.

붉은 광장은 어떤 지하철역 근처에 있나요?
О́коло како́й ста́нции Кра́сная пло́щадь?
오깔라 까꼬이 스딴쯔이 끄라스나야 쁠로쒸찌?

오호트느이 랴드역까지 어떤 라인이 가나요?
Кака́я ли́ния идёт до ста́нции «Охо́тный ряд»?
까까야 리니야 이죠ㅌ 다 스딴쯔이 〈아호트느이 랴ㅌ〉?

붉은 광장으로 나가는 출구가 어디 있나요?
Где вы́ход на Кра́сную пло́щадь?
그제 브하ㅌ 나 끄라스누유 쁠로쒸찌?

Tip. 러시아의 아름다운 지하철역

모스크바 지하철역은 그 자체가 관광지라고 할 수 있습니다. 아름다운 역으로 유명한 곳은 Ки́евская 키엡스카야역, Достое́вская 도스토옙스카야역, Маяко́вская 마야콥스카야역, Пло́щадь Револю́ции 플로샤지 레볼류츠역, Комсомо́льская 콤소몰스카야역, Парк Побе́ды 파르크 파베드역입니다.

택시 타기 Едем на такси

Вам куда́?
밤 꾸다?

Аэропо́рт, пожа́луйста.
아에라뽀르ㅌ, 빠잘루스따.

Пристегни́те ремни́.
쁘리스찌그니쪠 림니.

Про́бка!
쁘로프까!

Tip. 러시아에서 택시 타기!
러시아는 택시를 전화나 앱으로 호출해야
합니다. 손님이 택시에 탈 때 기사가
확인차 목적지를 물어보기도 합니다.
ЯНДЕКС ТАКСИ 얀데크ㅅ 따크시,
МАКСИМ ТАКСИ 마크심 따크시 앱을
가장 많이 이용합니다.

B: 어디 가세요? / **C:** 공항이요.
B: 좌석벨트 매 주세요.
C: 막히네!

C: 얼마나 걸려요? /
B: 40분 정도요.
C: 여기 세워 주세요.
C: 잔돈은 가지세요.
 (잔돈은 필요 없어요.)

Tip. **현금 지불 시, 정확하게 미리 준비**

택시 요금을 현금으로 지불할 때, 기사가 잔돈이 없으면 거스름돈을 못 받을 수 있으므로 미리 잔돈을 넉넉히 준비하는 것이 좋습니다.

기차표 사기 Покупаем билет на поезд

Оди́н биле́т в Санкт-Петербу́рг.
아진 빌례ㅌ 프 산크트-뻬찌르부르ㅋ.

КАССА
ОТПРАВЛЕНИЕ | ПРИБЫТИЕ

На како́е вре́мя?
나 까꼬예 브례먀?

За́втра в 3 (три) часа́ дня.
자프트라 프 뜨리 치사 드냐.

Сего́дня 시보드냐 / Послеза́втра
뽀슬리자프트라

Есть поезд в 15:30 (пятнадцать тридцать).
예스찌 뽀이스ㅌ 프 삐트나짜찌 뜨리짜찌.

M: 상트 페테르부르그행 표 한 장이요.
K: 어떤 시간 원하세요? /
M: 내일, 오후 3시요. (오늘/ 모레)
K: 15시 30분에 기차가 있어요.

* отправле́ние
  아트프라블레니예 출발
  прибы́тие
  쁘리브찌예 도착

Tip. 러시아 장거리 노선 기차 좌석 등급

1등실(СВ 에스베): 한 객실에 침대 2개가 있습니다.

2등실(Купе́ 꾸페): 문이 있는 객실에 위아래로 침대 4개가 있습니다.

3등실(Плацка́ртный 쁠라쯔까르트느이): 문이 없는 오픈형으로 한 칸당 위아래와 복도로 침대 6개가 있습니다.

M: 도착이 몇 시죠? /
K: 19시요.

M: 얼마예요? /
K: 어떤 좌석 등급이요?
M: 가장 싼 거요.

K: 왕복이요? / M: 편도요.
K: 3,000루블입니다.

Tip. 왕복표, 편도표의 다른 표현

'왕복표'를 биле́т в о́ба конца́ 빌례ㅌ 브 오바 깐짜, '편도표'를 биле́т в оди́н коне́ц 빌례ㅌ 브 아진 까녜ㅉ라고도 합니다.

Есть скидка для студентов?
예스찌 스끼트까 들랴 스뚜젠따ㅍ?

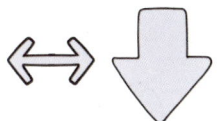

Нет. Скидка на билеты туда и обратно.
녜트.
스끼트까 나 빌례뜨 뚜다 이 아브라트나.

Какая платформа?
까까야 쁠라트포르마?

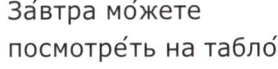

Завтра можете посмотреть на табло.
자프트라 모즈쩨 빠스마트례찌 나 따블로.

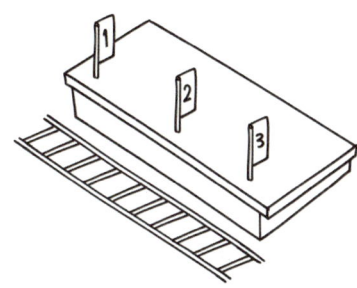

M: 학생 할인이 있어요? /
K: 아니요. 왕복 티켓은 할인이 있어요.

M: 어느 플랫폼이에요? /
K: 내일 전광판에서 볼 수 있어요.

* отправление
아트프라블레니예 출발

렌터카 이용하기 Берём напрокат машину

Я сде́лал онла́йн-зая́вку. Вот ва́учер.
야 즈졜랄 온라인-자야프꾸. 뽀ㅌ 바우치ㄹ.

сде́лала 즈졜랄라
(여성일 때)

Ваш па́спорт и води́тельское удостовере́ние.
바쉬 빠스빠르ㅌ 이 바지찔스까예 우다스따비례니예.

Ознако́мьтесь и подпиши́те. Возвраща́ть с по́лным ба́ком.
아즈나꼬미찌시 이 빠트삐쉬쪠. 바즈브라쌰찌 스 뽈늠 빠깜.

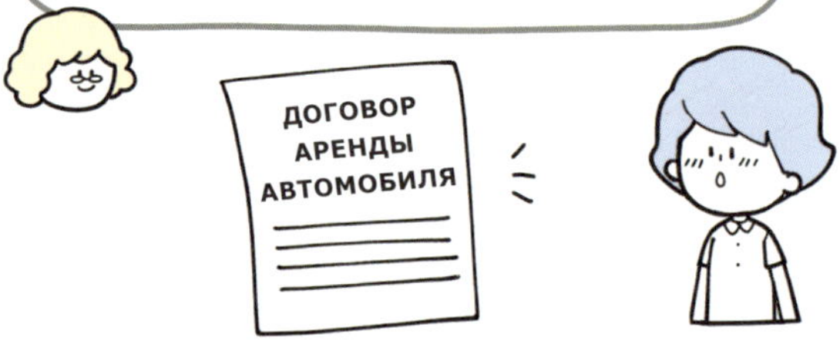

ДОГОВОР АРЕНДЫ АВТОМОБИЛЯ

C: 인터넷 예약했어요. 여기 예약 확인서요.
P: 여권과 운전면허증 주세요.
P: 내용 확인하고 사인해 주세요. 연료를 가득 채우고 반납하세요.

Коро́бка-автома́т, бензи́н, навига́тор, страхова́ние. Пра́вильно?
까로프까-아프따마ㅌ, 빈진, 나비가따ㄹ, 스트라하바니예. 쁘라빌나?

Да. Ещё франши́за - 10 100 (де́сять ты́сяч сто) рубле́й. Депози́т - 10 000 (де́сять ты́сяч) рубле́й.
다. 이쑈 프란쉬자 제시찌 뜨이챠ㅊ 스또 루블레이. 지빠지ㅌ 제시찌 뜨이챠ㅊ 루블레이.

ФРАНШИЗА
10 100 руб.

ДЕПОЗИТ
10 000 руб.

C: 자동 변속기, 휘발유, 내비게이션, 보험. 맞나요?

P: 네. 또한 면책금은 10,100루블입니다. 보증금은 10,000루블입니다.

Tip. 보증금 & 면책금이란?

차량 픽업 시 렌터카 업체에 보증금을 지불하고, 반납 시 모든 조건이 충족된 경우 보증금을 환불받습니다. 면책금 제도는 차체 파손 시 운전자는 면책금만 부담하고, 나머지 금액은 보험 처리되는 방식입니다.

Tip. 차량 상태 검사하기

차량 픽업 시 렌터카 직원과 함께 차량에 문제가 없는지 꼼꼼히 살펴봐야 합니다. 문제가 있으면 직원과 함께 체크합니다. 이미 있던 하자 수리 비용을 운전자가 부담하지 않기 위해서입니다.

P: 차는 주차장에 있습니다. 저를 따라오세요.

P: 차를 살펴 봅시다.

+ 추가 표현 +

➜ 렌터카 예약 및 계약 시 확인 사항

대여 / 반납
Получе́ние / Возвра́т
빨루체니예 / 바즈브라트

다른 장소에서 반납
Возвра́т авто́ в друго́м месторасположе́нии
바즈브라트 아프또 브 드루곰 몌스따빨라제니이

자동 변속기
Автомати́ческая трансми́ссия
아프따마찌치스까야 뜨란스미시야

= **Автомати́ческая коро́бка переда́ч (АКП / АКПП)**
아프따마찌치스까야 까로프까 뻬리다ㅊ (아께뻬 / 아께뻬뻬)

수동 변속기
Механи́ческая трансми́ссия
미하니치스까야 뜨란스미시야

연료 방법
Усло́вия по то́пливу
우슬로비야 빠 또플리부

가득 채워 받고 가득 채워 반납
С по́лного на по́лный
스 뽈나바 나 뽈느이

[도로 표지판 *Дорожные знаки*]

- 정지

Стоп
스또ㅍ

정지하지 않고 통행금지(공식 명칭)

Движение без остановки запрещено
드비제니예 볘ㅅ 아스따노프끼 자프리쒸노

- 추월 금지

Обгон запрещён
아브곤 자프리쑌

- 최고 속도 제한

Ограничение максимальной скорости
아그라니체니예 마크시말나이 스꼬라스찌

- 주차 금지

Стоянка запрещена
스따얀까 자프리쒸나

- 일방통행

Дорога с односторонним движением
다로가 스 아드나스따론님 드비제니옘

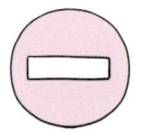

- 진입 금지

Въезд запрещён
브예스ㅌ 자프리쑌

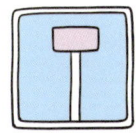

- 주차
Парковка
빠르꼬프까

- 막다른 길
Тупик
뚜삐ㅋ

- 주유소
Автозаправочная станция
아프또자프라바츠나야 스딴쯔야

- 견인 지역
Работает эвакуатор
라보다이ㅌ 에바꾸아따ㄹ

= АЗС 아제에ㅅ

- 미끄럼 주의
Скользкая дорога
스꼴스까야 다로가

주유소에서 На заправочной станции

⟨ 카운터에서 결제하기 ⟩

Колонка номер 5 (пять), <u>92</u> (девяносто второй), 20 (двадцать) литров.
깔론까 노미르 빠찌, 지비노스따 프따로이, 드바짜찌 리트라프.

95 (девяносто пятый) 지비노스따 뺘드이 /
98 (девяносто восьмой) 지비노스따 바시모이

Надо протереть стекло.
나다 쁘라찌례찌 스찌클로.

M: 5번 주유기,
휘발유 92, 20리터요.
(95/ 98)

M: 유리를 닦아야지.

Tip. 92, 95, 98이란?
휘발유 종류는 АИ 92, АИ 95, АИ 98가 있습니다. 말할 때는 앞에 약자 없이 92, 95, 98라고 하면 됩니다. 숫자는 옥탄가를 나타내며 가격은 다릅니다. 경유는 ДТ로 표기하며 말할 때는 **дизель** 지질이라고 하면 됩니다.

〈 셀프 결제·주유하기 〉

Вста́вить запра́вочный пистоле́т
프스따비찌 자프라바츠느이 삐스딸례트

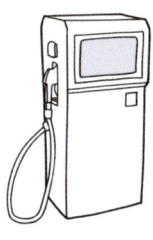

→ Опла́та 아플라따

→ Запра́виться 자프라비짜

→ Вы́берите коло́нку 브비리쩨 깔론꾸 :
1 아진 / 2 드바 / 3 뜨리 / 4 치뜨리 / 5 빠찌

→ Тип то́плива 띱 또플리바 :
92 지비노스따 쁘따로이 / 95 지비노스따 빠뜨이 / 98 지비노스따 바시모이

→ Введи́те литра́ж или су́мму 비지쩨 리트라쉬 일리 수무

→ Оплати́ть 아플라찌찌

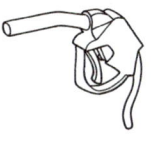

→ Спо́соб опла́ты 스뽀사ㅍ 아플라뜨 :
Нали́чные 날리츠느예 /
Ба́нковская ка́рточка 반까프스까야 까르따츠까

→ Набери́те ПИН-ко́д 나비리쩨 삔-꼬ㅌ

→ Напеча́тать чек 나뻬차따찌 체ㅋ

주유기 삽입
→ 결제하기
→ 주유하기
→ (주유기) 번호 선택 : 1 / 2 / 3 / 4 / 5
→ 연료 종류 : 92 / 95 / 98
→ 연료량 또는 금액 입력
→ 결제하기
→ 결제 방법 : 현금 / 카드
→ 비밀번호 입력
→ 영수증 출력

Tip. 기름을 가득 넣을 때는
'по́лный бак 뽈르느이 바ㅋ'라고 합니다.

+ 추가 표현 +

➜ 주유소에서 유용한 단어

- АЗС 아제에스 주유소
  (автомоби́льная запра́вочная ста́нция의 약자)
- АЗС самообслу́живания 아제에스 사마아프슬루즈바니야 셀프 주유소
- запра́вочный термина́л 자프라바츠느이 찌르미날 셀프 자동주유기

- бензи́н 빈진 휘발유
- ди́зель 지질 경유

- ка́сса 까사 카운터
- коло́нка 깔론까 주유기
- запра́вочный пистоле́т 자프라바츠느이 삐스딸례트 주유건
- бак 바크 탱크
- кры́шка 끄르쉬까 뚜껑

얀덱스 택시(Yandex Taxi) 앱 이용 방법!

- **기본 세팅**

▶ 얀덱스(Yandex Taxi) 택시 앱을 다운로드하고, 화면 상단 왼쪽 메뉴를 터치합니다.

→ 휴대폰 번호 확인 창이 뜨면 [NEXT]를 터치합니다.

→ 휴대폰 번호를 입력하고 [NEXT]를 터치합니다.

→ 휴대폰으로 받은 코드 번호를 입력합니다.

→ [PAYMENT METHOD]에서 현금 또는 신용카드 결제 방법을 선택합니다.

- **사용하기**

▶ 앱을 실행하면 현재 위치가 빨간 점으로 표시됩니다.

(현재 위치가 정확하지 않으면 상단 오른쪽에 있는 화살표를 터치, 현재 위치에 맞게 빨간 점을 드래그합니다.)

→ [WHERE TO]를 터치합니다.

→ 목적지 입력 창으로 이동합니다.

→ 목적지 칸에 주소나 건물명을 입력합니다.
([POINT ON MAP]을 터치하고 지도에 직접 목적지를 지정할 수 있습니다.)

→ 출발지/목적지 주소, 택시 종류, 차종에 따른 예상 금액 확인 창이 뜹니다.

→ 주소 확인, 택시 종류 선택 후 [ORDER TAXI]를 터치합니다.

→ 택시를 검색하면, 택시 도착 예상 시간, 색깔, 차종, 번호판과 택시의 이동 경로가 보입니다.

→ 선택한 택시가 보이면, 손으로 신호를 보내고, 탑승합니다.

→ 목적지까지 가는 동안에 경로와 남은 시간을 확인할 수 있습니다.

5

문화 생활
Культурная жизнь

30 # 박물관 & 미술관에서
31 # 발레 공연장에서
32 # 아이스하키 경기장에서
미리미리 인터넷 예약!

박물관 & 미술관에서 В музее и художественной галерее

Сда́йте ва́шу су́мку.
스다이쩨 바슈 숨꾸.

Оди́н взро́слый биле́т.
И аудиоги́д, пожа́луйста.
아진 브즈로슬르이 빌례트.
이 아우지오기트, 빠잘루스따.

P: 가방을 맡기세요.
M: 성인 한 장이요.
그리고 오디오 가이드요.

Tip. 외투와 큰 가방 맡기기

박물관이나 미술관에 입장할 때 외투나 점퍼 등 겉옷, 큰 가방을 보관소에 맡긴 후 입장할 수 있습니다. 번호표를 받아 가지고 있다가 되찾을 때 반납하면 됩니다.

Tip. 오디오 가이드 사용하기

오디오 가이드를 대여할 수 있는 박물관이나 미술관이 있습니다. 이어폰은 제공이 되지않을 수 있으니 개인용 이어폰을 챙겨 가면 좋습니다.

K: 매표소에 없어요. /
M: 어디서 받을 수 있나요?
K: 대여소는 로비에 있어요.

Какой язык?
까꼬이 이즈ㅋ?

Корейский.
까레이스끼.

Русский 루스끼 /
Английский 안글리스끼 /
Японский 이뽀느스끼 /
Китайский 끼따이스끼 /
Французский 프란쭈스끼 /
Испанский 이스빤스끼 /
Немецкий 니몌쯔끼

Это бесплатно?
에따 비스플라트나?

Нет. Прокат - 500 (пятьсот) рублей.
Залог - 2 000 (две тысячи) рублей.
녜ㅌ. 쁘라까ㅌ – 삐쪼ㅌ 루블례이.
잘로ㅋ – 드볘 뜨이시치 루블례이.

P2: 어떤 언어요? /
M: 한국어요. (러시아어/ 영어/ 일어/ 중국어/ 프랑스어/ 스페인어/ 독일어)
M: 무료인가요? /
P2: 아니요. 대여는 500루블입니다. 보증금은 2,000루블입니다.

+ **추가 표현** +

→ **매표소나 안내 데스크에서**

몇 시에 문 닫아요?
Во скóлько закывáетесь?
바 스꼴까 즈크르바이쩨시?

박물관 안내 지도 받을 수 있나요?
Мóжно получи́ть схéму музéя?
모즈나 빨루치찌 스헤무 무제야?

입구 / 출구가 어디예요?
Где вход / вы́ход?
그제 프호ㅌ / 브하ㅌ?

음료는 반입이 안 됩니다.
Напи́тки проноси́ть нельзя́.
나삐트끼 브라나시찌 닐자.

발레 공연장에서 На балете

P: 표 보여 주세요. / C: 여기 있어요.
C: 공연장에 들어가도 돼요? / P: 아직이요.

Tip. 공연장 방문 시 옷차림

오페라나 발레 공연을 관람하러 갈 때 깔끔하고 단정한 복장을 갖추어야 합니다. 반바지와 슬리퍼 차림으로 온다면 입장을 거부당할 수 있으므로 유의합니다.

P: 10분 후에 오세요.
(15분 후/ 30분 후)

C: 외투 보관소는 어디예요? /
P: 저기요.

Tip. **공연장 내 입장하기**

P2: 코트 하나요? /
C: 네.
P2: 여기 번호표요.

공연 1시간 전부터 극장에 들어갈 수 있습니다. 공연 15분 전에 입장 알림 벨이 울리면 공연장 내 입장이 가능합니다. 알림 벨이 3번 울린 후에는 입장할 수 없습니다.

C: 실례합니다. 이거 제 좌석인데요. /
Ж: 그래요? 당신 좌석 번호가 뭐예요?
C: 8열 9석이요. / Ж: 이건 10석이에요.
C: 죄송합니다. /
Ж: 괜찮습니다. (별거 아닙니다.)

Tip. **좌석 번호 말하기**

보통 '몇 열, 몇 번째 (좌석) 번호' 라는 표현은 서수로 말하는데, 간단하게 기수로 말해도 됩니다.

아이스하키 경기장에서 На хоккейной арене

C: 이 줄은 매표소 줄이에요? / **Ж:** 아니요. 거기는 입구예요.
C: 매표소는 어디예요? / **Ж:** 저쪽에 있어요.

C: 마지막이세요? / **Ч:** 네.
C: 어른 한 장이요. / **K:** 여기 경기장 좌석 배치도입니다. 어느 구역이요?
C: 212구역이요.

K: 몇 번 열이죠? / **C:** 6열이요.

K: 자리가 없어요. 8열에 자리가 있어요.

Tip. 러시아 아이스하키팀

모스크바에서는 ЦСКА 쩨에스까, Динамо 지나모, Спартак 스빠르따크, 상트페테르부르크에서는 СКА 에스까가 오래되고 유명한 팀입니다.

C: 얼마예요? /
K: 3,000루블입니다.
C: 좋아요. 그걸로 할게요.

[인터넷 예매 사이트에서 유용한 단어]

- купи́ть биле́т 꾸뻬찌 빌례ㅌ 티켓 구매
- да́та 다따 날짜
- ряд 랴ㅌ 줄
- ме́сто 메스따 좌석
- сто́имость 스또이마스찌 가격
- биле́тов нет 빌례따ㅍ 녜ㅌ 매진 (티켓 없음)
- помести́ть в корзи́ну 빠미스찌찌 프 까르지누 장바구니에 담기
- ме́сто в прода́же 메스따 프 빠라다제 구매 가능 좌석
- ме́сто недосту́пно 메스따 니다스뚜프나 구매 불가능 좌석
- вы́бранное ме́сто 브브라나예 메스따 선택한 좌석
- электро́нный биле́т 엘리크트로느이 빌례ㅌ 전자 티켓

[러시아 대표 발레]

- Лебеди́ное о́зеро 리비지나예 오지라 백조의 호수
- Щелку́нчик 쉴꾼치ㅋ 호두까기 인형
- Дон Кихо́т 돈 끼호ㅌ 돈키호테
- Роме́о и Джулье́тта 라메오 이 줄리에따 로미오와 줄리엣
- Спарта́к 스빠르따ㅋ 스파르타쿠스

미리미리 인터넷 예약!

- **티켓 미리 예약하기!**

  오페라 및 발레 공연, 스포츠 티켓은 좋은 자리가 제일 먼저 매진되고 잘 보이지 않은 뒷좌석만 남을 수 있으니 인터넷으로 미리 예매하는 것이 좋습니다.

- **온라인상으로 예약하고 결제하기!**

  인터넷 사이트를 통해서 티켓을 예약하고 정해진 시간 내에 (보통 15~20분) 결제를 완료해야 합니다. 정해진 시간이 지나면 예약이 자동 취소됩니다.

- **전자 티켓 확인**

  구매한 티켓은 프린트해 두는 것이 좋습니다. 볼쇼이 극장은 구매한 티켓을 사이트를 통해서 출력하는 것이 필수이고, 마린스키 극장은 이메일로 발송되어 출력할 수도 있고 휴대폰에 저장해 가서 제시할 수도 있습니다.

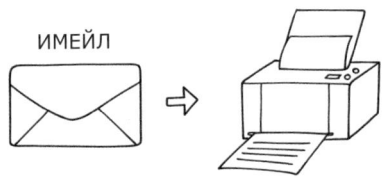

6

여행
Путешествие

33 # 공항 & 수하물
34 # 비행기에서
35 # 환승하기
36 # 입국 심사
37 # 세관 검사
38 # 환전하기
39 # 현지 투어하기
40 # 바냐에서
41 # 숙소에서
러시아 여행 준비물 체크!

공항 & 수하물 Аэропорт и багаж

Здравствуйте.
Ваш паспорт, пожалуйста.
즈드라스트부이쩨. 바쉬 빠스빠르ㅌ, 빠잘루스따.

Сколько чемоданов в багаж?
스꼴까 치마다나ㅍ 브 바가쉬?

Один.
아진.

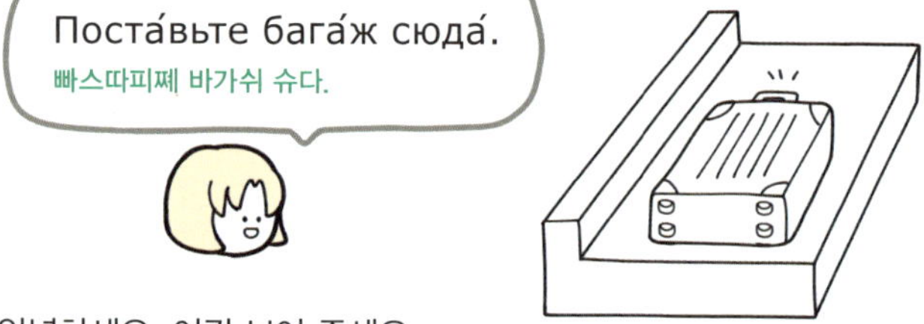

Поставьте багаж сюда.
빠스따피쩨 바가쉬 슈다.

P: 안녕하세요. 여권 보여 주세요.

P: 부칠 짐은 몇 개인가요? / **M:** 한 개요.

P: 가방 여기 올려 주세요.

P: 짐 안에 배터리 있습니까? / **M:** 아니요.

M: 복도 자리 주세요. (창가 자리) / **P:** 네, 알겠습니다.

Выход на посадку D28 (двадцать восемь).
브하ㅌ 나 빠사트꾸 데 드바짜찌 보심.

Посадка в 12:20 (двенадцать двадцать).
빠사트까 브 드비나짜찌 드바짜찌.

Нужно подойти не позднее чем за 15 (пятнадцать) минут до посадки.
누즈나 빠다이찌 니 빠즈녜예 쳄 자 삐트나짜찌 미누ㅌ 다 빠사트끼.

P: 탑승구는 D28번입니다.

P: 탑승은 12시 20분에 시작합니다.

P: 적어도 15분 전에는 오셔야 합니다.

✚ 추가 표현 ✚

➜ 마일리지 & 일행 좌석 확인

제 마일리지 카드 여기 있어요.
Вот моя́ ми́льная ка́рта.
보ㅌ 마야 밀나야 까르따.

마일리지를 카드에 적립해 주세요.
Положи́те ми́ли на ка́рту.
빨라즈쩨 밀리 나 까르뚜.

붙어 있는 좌석으로 주세요.
Да́йте места́ ря́дом.
다이쩨 미스따 랴담.

➜ 항공사 카운터에서 짐 부칠 때

짐 무게 초과입니다.
Переве́с багажа́.
삐리볘ㅅ 바가자.

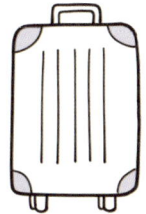

이걸 기내 수하물로 가져가도 돼요?
Мо́жно э́то в ручну́ю кладь?
모즈나 에따 브 루츠누유 끌라찌?

이것은 (비행기에) 들고 타세요.
Э́то беру́ с собо́й.
에따 비루 사보이.

'파손 주의' 스티커를 붙여 주세요.
Накле́йте сти́кер «Хру́пкое».
나클례이쩨 스찌꼐ㄹ 〈흐루프까예〉.

비행기에서 На борту самолёта

Посадочный талон, пожалуйста.
빠사다츠느이 딸론, 빠잘루스따.

Проходите сюда.
쁘라하지쩨 슈다.

Плед, пожалуйста.
쁠레트, 빠잘루스따.

Тапочки /
따빠츠끼
Маску для сна /
마스꾸 들랴 스나
Зубную щётку
주브누유 쑈트꾸

Б: 탑승권 보여 주세요.

Б: 이쪽으로 가세요.

M: 담요 주세요. (슬리퍼/ 안대/ 칫솔)

Б: 쇠고기와 생선 중 무엇으로 하시겠습니까? / **M:** 뭐라고 하셨죠?

Б: 쇠고기와 생선 중 무엇을 드릴까요? / **M:** 쇠고기 주세요.

Б: 음료는 무엇으로 하시겠어요? / **M:** 물 주세요.

M: 치워 주세요.

M: 먼저 가세요. / Ж: 고마워요.

* туале́т 뚜알례트 화장실
  свобо́дно 스바보드나 비어 있다
  за́нято 자니따 사용 중이다

✚ 추가 표현 ✚

➔ **안전한 비행을 위해**

가방을 좌석 밑으로 넣어 주세요.
Поста́вьте су́мку под кре́сло.
빠스따피쩨 숨꾸 빠т 끄례쓸라.

좌석 등받이를 세워 주세요.
Подними́те спи́нку кре́сла.
빠드니미쩨 스삔꾸 끄례슬라.

비행기 창문 커튼을 열어 주세요.
Подними́те што́рку иллюмина́тора.
빠드니미쩨 쉬또르꾸 일류미나따라.
* иллюмина́тор 일류미나따ㄹ 비행기 창문

벨트를 매세요.
Пристегни́те ремни́.
쁘리스찌그니쩨 림니.

➔ **러시아어로 말하기 힘들 때**

한국어 하는 분이 계십니까?
У вас кто́-нибудь говори́т по-коре́йски?
우 바ㅅ 끄또–니부찌 가바리т 빠–까례이스끼?

영어 하는 분이 계십니까?
У вас кто́-нибудь говори́т по-англи́йски?
우 바ㅅ 끄또–니부찌 가바리т 빠–안글리스끼?

환승하기 Трансфер

Где де́лать переса́дку?
그제 젤라찌 뻬리사트꾸?

Иди́те за указа́телем «Трансфе́р».
이지쩨 자 우까자찔렘 〈뜨란스피르〉.

Трансфе́р на междунаро́дные ли́нии /
뜨란스피르 나 미즈두나로드느예 리니이
Трансфе́р на вну́тренние ли́нии
뜨란스피르 나 브누트리니예 리니이

Извини́те, я на переса́дку. Э́то сюда́?
이즈비니쩨, 야 나 뻬리사트꾸. 에따 슈다?

Да. Вот э́та о́чередь.
다. 보트 에따 오치리찌.

M: 환승은 어디에서 해요? / **P:** '트랜스퍼' 사인을 따라가세요. (국제선 환승/ 국내선 환승)

M: 실례지만, 저는 환승하려고 해요. 이 방향이 맞나요? / **P2:** 네, 이쪽 줄이요.

* ПАСПОРТНЫЙ КОНТРОЛЬ
여권 심사

M: 어느 탑승구지? D27.
M: 오, 안 돼! 비행기가 지연됐네!

М: 진짜 피곤하다.

М: 저기요, 이 자리 비어 있어요? / **Ч:** 네.

Р3: '아에로플로트' 승객분들께 알려 드립니다.
모스크바행 탑승을 시작합니다. 탑승구 D27로 오시기 바랍니다.

✚ 추가 표현 ✚

➜ **비행기가 연착하거나 취소됐을 때**

비행기가 연착되었어요.

Рейс заде́ржан.
레이ㅅ 자졔르잔.

항공편이 취소되었어요.

Рейс отменён.
레이ㅅ 아트미뇬.

다른 연결 항공편을 탈 수 있을까요?

Мо́жно пересе́сть на друго́й стыко́вочный рейс?
모즈나 삐리세스찌 나 드루고이 스뜨꼬바츠느이 레이ㅅ?

D27 탑승구는 어떻게 가요?

Как пройти́ к вы́ходу D27 (два́дцать семь)**?**
까ㅋ 쁘라이찌 크 브하두 데 드바짜찌 셈?

➜ **다음 비행기를 놓쳤을 때**

비행기를 놓쳤어요.

Я опозда́л(а) на самолёт.
야 아빠즈달(라) 나 사말료ㅌ.

다음 항공편은 언제 있나요?

Когда́ сле́дующий рейс?
까그다 슬레두쉬 레이ㅅ?

Tip. 탑승 종료 안내 방송

탑승 시간에 나타나지 않은 승객을 찾는 안내 방송은 개인 정보 보호를 위해서 승객 이름을 언급하지 않습니다. 항공편과 탑승 종료 시간을 꼭 확인하세요.

'**Зака́нчивается поса́дка на рейс** SU 252 (две́сти пятьдеся́т два) **Москва́ - Сеу́л авиакомпа́нии Аэрофло́т.**
자깐치바이짜 빠사트까 나 레이ㅅ 수 드볘스찌 삐지샤ㅌ 드바 마스크바-시울 아비아깜빠니이 아에라플로ㅌ.

(아에로플로트 항공 SU-252 항공편 모스크바-서울행 **탑승이 종료되고 있습니다.**)'

입국 심사 Паспортный контроль

Где па́спортный контро́ль?
그제 빠스빠르트느이 깐트롤?

Сюда́.
슈다.

Иностра́нным гра́жданам сюда́.
이나스트라늠 그라즈다남 슈다.

M: 입국 심사는 어디에서 해요? /
P: 이쪽입니다.
P: 외국인들은 이쪽으로 가셔야 합니다.

* ИНОСТРАННЫЕ ГРАЖДАНЕ 외국인 / ГРАЖДАНЕ РОССИИ 내국인(러시아 국민)

и: 여권, 출입국 카드, 탑승권 주세요.

и: 방문 목적이 무엇인가요? / м: 여행입니다. (공부/ 비즈니스/ 경유)

и: 얼마나 체류해요? / м: 일주일입니다.

и: 목적지가 어디예요? / **м:** 모스크바로 갑니다.

и: 누구와 여행하나요? / **м:** 혼자요.

и: 여기를 보세요.

+ 추가 표현 +

➜ 입국 심사 들어가기 전에

외국인 (남자) / (여자)이세요?

Вы иностра́нец / иностра́нка?
브 이나스트라니쯔 / 이나스트란까?

출입국 신고서를 작성했나요?

Вы запо́лнили миграцио́нную ка́рту?
브 자뽈닐리 미그라쯔오누유 까르뚜?

➜ 입국 심사에서 받을 수 있는 질문

국적이 어디입니까?

Ва́ше гражда́нство?
바셰 그라즈다ᄂ스트바?

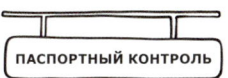

러시아에 와 본 적 있습니까?

Вы уже́ бы́ли в Росси́и?
브 우제 블리 브 라시이?

얼마나 체류할 거예요?

Ско́лько вы пробу́дете?
스꼴까 브 쁘라부지쩨?

어디에 머무르실 거예요?

Где вы остано́витесь?
그제 브 아스따노비쩨시?

안경 / 모자를 벗으세요.

Сними́те очки́ / головно́й убо́р.
스니미쩨 아츠끼 / 가라브노이 우보르.

세관 검사 Таможенный контроль

T: 신고해야 할 물품 있습니까? /
C: 아니요.
T: 음식물이 있어요? (술/ 담배) /
C: 아니요.

Tip. 술을 가지고 러시아로 들어갈 때

다른 나라에서 러시아 입국 시,
술은 3리터까지 가져갈 수 있습니다.
그 이상은 세관 신고 후 세금을 내야 하며,
5리터 이상은 압수됩니다.

✛ 추가 표현 ✛

➜ **세관에서 받을 수 있는 요청과 질문**

세관 신고서를 보여 주세요.
Покажи́те ва́шу тамо́женную деклара́цию.
빠까즈쩨 바슈 따모즈누유 지클라라쯔유.

이것들은 무슨 용도입니까?
Для чего́ э́то?
들랴 치보 에따?

가방을 열어 주세요.
Откро́йте су́мку.
아트크로이쩨 숨꾸.

안에 무엇이 있는지 말해 주세요.
Скажи́те, что внутри́?
스까즈쩨, 쉬또 브누트리?

세금을 내야 합니다.
Ну́жно оплати́ть по́шлину.
누즈나 아플라찌찌 뽀쉴리누.

세관 신고를 해야 합니다.
Э́то ну́жно деклари́ровать.
에따 누즈나 지클라리라바찌.

허가량 초과예요.
Э́то сверх но́рмы.
에따 스볘르ㅎ 노르므.

이것은 반입 금지되어 있습니다.
Э́то запрещено́ ввози́ть.
에따 자프리쒸노 바지찌.

환전하기 Обмен валюты

Чем вам помо́чь?
쳄 밤 빠모치?

Ну́жно поменя́ть валю́ту.
누즈나 빠미냐찌 발류뚜.

Возьми́те тало́н.
바지미쩨 딸론.

< ВОЗЬМИТЕ ТАЛОН >

Вот курс валю́ты.
뽀ㅌ 꾸르ㅅ 빨류뜨.

< КУРСЫ ОБМЕНА ВАЛЮТ >

	ПОКУПКА	ПРОДАЖА
USD ДОЛЛАР США	XXXX.²⁵	XXXX.⁸³
EUR ЕВРО	XXXX.³⁸	XXXX.⁶¹

P: 무엇을 도와드릴까요? /
C: 외화를 바꾸고 싶어요. /
P: 순번표 뽑으세요.
P: 환율은 여기에 있어요.

*〈 순번표 〉   *〈 환율 〉
환전   살 때 / 팔 때
             미국 달러 / 유로

C: 달러를 루블로요.
P2: 몇 달러죠? / C: 300이요.
P2: 여기 있습니다.

현지 투어하기 Местный тур

Здравствуйте! Чем вам помочь?
즈드라스트부이쩨! 쳄 밤 빠모ㅊ?

У вас есть туры по городу?
우 바ㅅ 예스찌 뚜르 빠 고라두?

Туристско-информационный центр

Сегодня?
시보드냐?

Нет, завтра.
녜ㅌ, 자프트라.

P: 안녕하세요! 무엇을 도와드릴까요? /
M: 시티 투어 있어요?

P: 오늘이요? / M: 아니요, 내일이요.

* Туристско-информационный центр 관광안내소

P: 네, 있습니다. 일일 투어요? / M: 반나절이요.
M: 투어가 몇 시간인가요? / P: 4시간입니다.

M: 언제 시작하나요? / P: 아침 8시와 오후 2시예요.

P: 어떤 거 원하세요? / M: 오후 2시요.

M: 여기서 예약하나요? / P: 네.

M: 만나는 곳은 어디예요? / **P:** 이 센터 앞이요.
M: 좋네요!
P: 예약증 가져오는 거 잊지 마세요.

바냐에서 В бане

Добро́ пожа́ловать! Как вас зову́т?
다브로 빠잘라바찌! 까ㅋ 바ㅅ 자부ㅌ?

Ма́ша.
마샤.

Вас дво́е, да?
바ㅅ 드보예, 다?

Да.
다.

Ба́ня но́мер 5 (пять). С двух до четырёх.
바냐 노미ㄹ 빠찌. 스 드부ㅎ 다 치트료ㅎ.

P: 어서 오세요! 이름이 뭐예요? / M: 마샤예요.
P: 두 분, 맞으시죠? / M: 네.
P: 바냐 5호. 2시부터 4시까지요.

Tip. '바냐'란?

바냐는 러시아 전통 사우나입니다.
보통 교외에 있고, 2~4명이나 6~10명이
바냐 하나를 통째로 빌려서 이용합니다.
전화나 인터넷으로 예약을 해야 합니다.

M: 계산할게요. / P: 결제 어떻게 하실 거예요?

M: 카드로요. 돼요? / P: 네.

M: 택시를 불러 주세요. / P: 알겠습니다.

숙소에서 Жильё

〈 체크인 〉

> У меня́ заброни́рован но́мер.
> 우 미냐 자브라니라반 노미ㄹ.

> Ваш па́спорт, пожа́луйста.
> 바쉬 빠스빠르ㅌ, 빠잘루스따.

ГОСТИНИЦА ХАРУ

> Вот ва́ша ка́рта го́стя.
> 보ㅌ 바샤 까르따 고스쨔.

Карта гостя
Фамилия:
Имя:
Отчество:
Номер:
Проживание:

C: 호텔 방이 예약되어 있어요. /
P: 여권 보여 주세요.
P: 여기 게스트 카드 받으세요.

Tip. '게스트 카드'란?

게스트 카드에는 손님 이름, 객실 호수, 체크인 날짜, 숙박 기간에 대한 정보가 있습니다. 호텔 서비스를 받을 땐 게스트 카드를 지참해야 합니다.

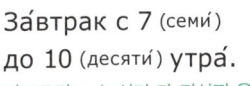
Завтрак с 7 (семи) до 10 (десяти) утра.
자프트라크 스 시미 다 지시찌 우트라.

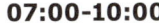

Ресторан на первом этаже. Приносите с собой карту гостя.
리스따란 나 뻬르밤 이따제.
쁘리나시쩨 사보이 까르뚜 고스쨔.

Ваш номер на третьем этаже. Номер 320 (триста двадцать).
바쉬 노미르 나 뜨레찌엠 이따제.
노미르 뜨리스따 드바짜찌.

P: 아침은 오전 7시부터 10시까지입니다.
P: 레스토랑은 1층에 있습니다. 게스트 카드를 지참하세요.
P: 객실은 3층에 있습니다. 320호예요.

C: 수영장은 열려 있나요? /
P: 네.

C: 몇 시에 문을 닫아요? /
P: 저녁 9시요.

Tip. 호텔 문고리 사인

'Убери́те, пожа́луйста. (청소해 주세요.)' 사인을 문고리에 걸어 놓고 나가면 방을 청소해 줍니다. 'Не беспоко́ить. (방해하지 마세요.)' 사인을 걸면 청소하러 들어오지 않습니다.

〈 체크아웃 〉

Tip. 관광세란?

Со́чи 소치처럼 휴양지로 유명한 일부 지역에서 1박당 관광세가 부과됩니다.

C: 체크아웃할게요. / P: 여기 청구서입니다.
C: 이 요금은 뭐예요? / P: 관광세입니다.

C: 이해했어요. 짐 보관소에 가방을 맡길 수 있을까요?

P: 네. 언제 돌아오세요? / C: 3시쯤이요.

P: 수하물표입니다.

+ 추가 표현 +

→ 호텔 로비에서

빈방 있나요?
Есть свобо́дный но́мер?
예스찌 스바보드느이 노미르?

방 먼저 볼 수 있나요?
Мо́жно снача́ла осмотре́ть но́мер?
모즈나 스나찰라 아스마트레찌 노미르?

체크아웃 시간이 언제인가요?
Како́е вре́мя вы́езда?
까꼬예 브레먀 브이즈다?

조식 포함입니다.
За́втрак включён.
자프트라크 프클류쵼.

→ 숙소에서 유용한 단어

- шве́дский стол 쉬볘쯔끼 스똘 뷔페식
- тренажёрный зал 뜨리나죠르느이 잘 헬스장
- прока́т 쁘라까트 대여
- пла́тно 쁠라트나 유료
- беспла́тно 비스플라트나 무료
- полоте́нце 빨라쩬쩨 수건
- утю́г 우쮸크 다리미

러시아 여행 준비물 체크!

- **여권**: 인적 사항 페이지를 사진이나 사본으로 소지합니다.
  여권 분실 대비, 여권 복사본과 여권 사진 2매를 챙겨 갑니다.

- **비자**: 방문이나 관광 목적이라면 무비자로 1년 중 180일, 6개월에
  90일을 체류할 수 있습니다. 단, 1회 최대 60일을 초과할 수
  없습니다.

- **이티켓**: 입국 심사 대비 티켓을 출력합니다.

- **입출국 카드**: 입국 심사할 때 발급받는데, 출국 시 필요하므로 잘
  보관합니다.

- **거주지 등록**: 러시아 입국일로부터 한 도시에 휴일을 제외한 근무일
  7일 이상 체류 시 거주지 등록을 해야 하고, 7일 이상 예정으로
  다른 도시로 이동 시 그 도시에 다시 거주지 등록을 해야 합니다.
  보통 호텔은 거주지 등록에 대해 대행 서비스를 제공합니다.
  단, 개인 숙박시설에는 거주지 등록 대행 서비스를 하지 않을 수
  있으므로 미리 확인해야 합니다.

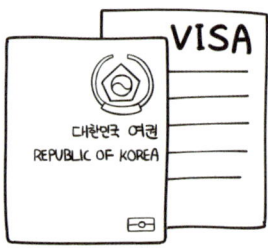

- **달러** 또는 **현지 통화**: 인터넷이나 은행, 공항에서 환전합니다. 러시아 입국 시 바로 쓸 수 현금을 국내에서 루블로 환전해서 챙겨 갑니다. 나머지는 달러로 가져가서 현지에서 루블로 환전하면 수수료가 덜 나갑니다.

- **신용카드 · 직불카드**: 해외 사용이 가능한지 확인합니다. 한국 계좌 직불카드는 현금이 필요할 때 현지 ATM에서 루블로 인출이 가능합니다.

- **심카드 · 포켓 와이파이**: 한국에서 미리 살 수도 있습니다.

- **예약 바우처**: 숙소, 투어 상품, 공연 등의 예약 확인증을 출력합니다.

- **110V 어댑터**: 여행지 전압 확인 후 필요시 준비합니다.

- **여행 관련 앱**: 지도 앱, 택시 앱, 번역 앱 등을 다운받습니다.

- **국제학생증**: 국립박물관에서 학생 할인 혜택을 받을 수 있습니다.

- **기타**: 여행자 보험, 국제운전면허증, 국제 학생증, 각종 할인쿠폰 등

7

일상 & 응급
Повседневная жизнь & Экстренные ситуации

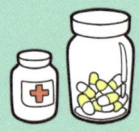

42 # 매점 & 슈퍼마켓에서
43 # 주류 매장에서
44 # 현금자동지급기 사용하기
45 # 경찰서에서
46 # 병원에서
47 # 약국에서
러시아 명절 & 축제!

매점 & 슈퍼마켓에서 В киоске и супермаркете

〈 매점에서 〉

Да́йте пи́во?
다이쩨 삐바?

11 (оди́ннадцать) часо́в. Алкого́льная проду́кция не продаётся.
아지나짜지 치소ㅍ.
알까골나야 쁘라두크쯔야 니 쁘라다요짜.

Когда́ мо́жно купи́ть?
까그다 모즈나 꾸삐찌?

Вон там объявле́ние. Смотри́те.
본 땀 아브이블례니예. 스마트리쩨.

ПРОДАЖА АЛКОГОЛЬНОЙ ПРОДУКЦИИ
**С 23:00 ДО 10:00
ЗАПРЕЩЕНА!**

* 주류 판매는 23시부터 10시까지 금지입니다!

C: 맥주 주시겠어요? /
K: 11시입니다.
   주류 판매를 하지 않습니다.
C: 언제 살 수 있어요? /
K: 저기에 공고문입니다. 보세요.

Tip. 술을 사려면?

러시아는 전 지역에 주류 판매 제한 규정이 있습니다. 지역에 따라 다르지만 보통 매점(술집이나 음식점 제외)에서는 23시부터 다음날 아침 8~11시까지 술을 살 수 없으니 참고하세요.

C: 잔돈 있으세요? /
K: 죄송합니다. 없습니다.
C: 그럼 안 할게요.

Tip. 24시 매점

매점 간판에 '**24 часа**(24시간)' 또는
'**круглосу́точно**(24시 연속의)'라는
문구가 있으면, 24시간 운영하는 매점입니다.

〈 슈퍼마켓에서 〉

M: 과일이 신선하지 않네.

M: 빵이다! (계란/ 치즈/ 우유)

M: 1+1이네.

K: 할인 카드 있어요? / **M:** 아니요.

M: 이거 두 번 계산했어요. / **K:** 죄송합니다. 취소해 드릴게요.

주류 매장에서 В алкомаркете

Какое красное вино лучше взять?
까꼬예 끄라스나예 비노 루츠셰 브쟈찌?

Сухое или сладкое?
수호예 일리 슬라트까예?

Сухое.
수호예.

Вот это хорошее.
보트 에따 하로셰예.

Я ещё немного посмотрю.
야 이쑈 님노가 빠스마트류.

C: 무슨 레드 와인이 좋을까요? / **П:** 단맛 없는 거요 아니면 있는 거요?
C: 단맛이 없는 거요. / **П:** 이게 좋아요.
C: 조금 더 구경할게요.

+ 추가 표현 +

➜ **식품 매장에서**

유통 기한을 못 찾겠어요.
Я не вижу срок годности.
야 니 비주 스로ㅋ 고드나스찌.

➜ **주류 매장에서**

이 보드카는 몇 도 / %인가요?
Сколько градусов / процентов в этой водке?
스꼴까 그라두사ㅍ / 쁘라쩬따ㅍ ㅂ 에따이 보트꼐?

Tip. 러시아는 예전에 알코올 도수를 ° 단위로 표시했다가,
지금은 국제 표기법을 따라 알코올 농도를 % 단위로 표시합니다.
러시아에서의 '~% об.'는 '~% vol.' 또는 '~% ABV'와 동일합니다.
° 단위는 % 단위와 다름에 유의하세요.
예를 들면, '40% об. = 35°'입니다.

➜ **계산대에서**

거스름돈 덜 주셨어요.
Мне недодали сдачу.
므녜 니다달리 즈다추.

봉투 하나 더 주세요.
Ещё один пакет, пожалуйста.
이쑈 아진 빠꼐ㅌ, 빠잘루스따.

따로 포장해 주세요.
Заверните отдельно, пожалуйста.
자비르니쩨 아젤나, 빠잘루스따.

현금자동지급기 사용하기 Используем банкомат

〈 현금자동지급기 사용법 〉

Вста́вьте ка́рточку
프스따피쩨 까르따츠꾸

→ Введи́те Ваш ПИН-ко́д
비지쩨 바쉬 삔-꼬ㅌ

→ Гла́вное меню́
글라브나예 미뉴

　→ Получи́ть нали́чные
　빨루치찌 날리츠느예

→ Вы́берите су́мму для сня́тия
브비리쩨 수무 들랴 스냐찌야

　(Друга́я су́мма)
　드루가야 수마

→ Напеча́тать чек / Без че́ка
나뻬차따찌 체ㅋ / 볘ㅅ 체까

Не удало́сь вы́полнить транза́кцию.
니 우달로시 브빨니찌 뜨란자크쯔유.

카드 삽입
→ 비밀번호 입력
→ 메인 메뉴
　→ 출금
→ 출금액 선택
　(다른 금액)
→ 영수증 출력 / 영수증 없이

거래가 거부되었습니다.

M: 말도 안 돼! 뭐가 잘못된 거야?
M: 침착해! 다른 현금지급기에서 해 보자.
M: 다행이다!

경찰서에서 В отделении полиции

П: 무엇을 도와드릴까요? / **M:** 여기 신고하러 왔어요.

П: 무슨 일이 발생했는지 설명할 수 있어요? /
M: 저는 러시아어를 잘 못해요.

M: 여기 영어 하는 분 있어요? /
П: 아니요.
M: 대사관에 연락해 주세요.

Tip. 경찰서에 간다면?

상황 설명을 영어나 러시아어로 정확하게 말하기 어렵다면, 통역이나 대사관에 연락해 달라고 하세요. 어설프게 설명하면, 오히려 문제가 심각해집니다.

+ 추가 표현 +

➔ 누군가에게 신고를 요청할 때

경찰에 신고해 주세요.
Вы́зовите поли́цию, пожа́луйста.
브자비쩨 빨리쯔유, 빠잘루스따.

➔ 대사관 또는 통역사의 도움이 필요할 때

여권을 잃어버렸어요.
Я потеря́л(а) па́спорт.
야 빠찌럌(라) 빠스빠르т.

대한민국 대사관에 연락해 주세요.
Позвони́те в посо́льство Респу́блики Ко́рея.
빠즈바니쩨 프 빠솔스트바 리스뿌블리끼 까례야.

한국어 통역사 좀 불러 주세요.
Позови́те коре́йского перево́дчика.
빠자비쩨 까례이스까바 뻬리보치까.

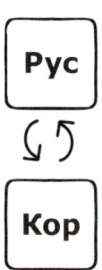

➜ 전화기를 쓰고 싶을 때

전화를 하고 싶어요.
Я хочу́ позвони́ть.
야 하추 빠즈바니찌.

➜ 신고할 때

저는 <u>폭행</u> 신고하러 왔어요.
Я хочу́ пода́ть заявле́ние <u>о наси́лии</u>.
야 하추 빠다찌 자이블례니예 아 나실리이.

_ **об огpaблéнии** 아브 아그라블레니이 강도
_ **о кpáже** 아 끄라제 절도
_ **о кapмáнной кpáже** 이 까르마나이 끄라제 소매치기
_ **о ДТП** 아 데떼뻬 교통사고
_ **о скpы́тии с мéста ДТП** 아 스크르찌이 스 몌스따 데떼뻬
  뺑소니 사고

모르는 사람이 내 가방을 빼앗아 갔어요.
Незнако́мец отобра́л у меня́ су́мку.
니즈나꼬몌ㅉ 아따브랄 우 미냐 숨꾸.

병원에서 В больнице

> Мо́жно сейча́с к врачу́? Сро́чно.
> 모즈나 시차ㅅ 크 브라추? 스로츠나.

> Внача́ле запо́лните бланк.
> 브나찰례 자뽈니쩨 블란ㅋ.

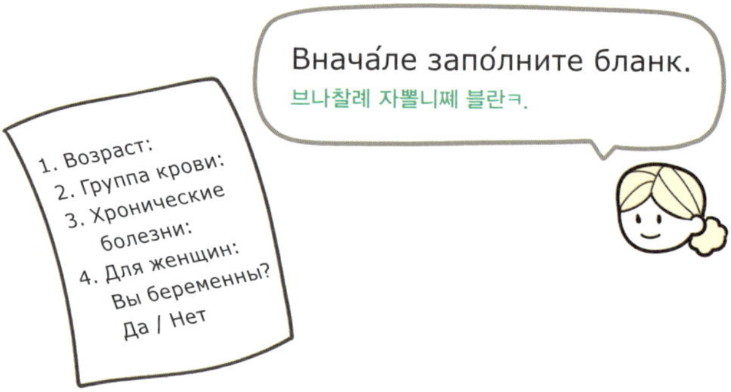

1. Возраст:
2. Группа крови:
3. Хронические болезни:
4. Для женщин: Вы беременны? Да / Нет

C: 의사를 지금 볼 수 있을까요? 응급 상황이에요.

P: 이 양식을 먼저 작성해 주세요.

Tip. 병원은 반드시 예약!

러시아 병원은 예약제로 진료합니다. 여행객의 경우 응급 상황이라면 먼저 응급실을 찾아가세요.

〈 병원 문진표 〉

1. Во́зраст 보즈라스ㅌ 나이

2. Гру́ппа кро́ви 그루빠 끄로비 혈액형

Tip. 러시아에서는 혈액형 명칭을 수사로 나타냅니다.
표기는 로마 숫자 I(=O), II(=A), III(=B), IV(=AB)로 합니다.

3. Хрони́ческие боле́зни 흐라니치스끼예 발례즈니 지병
   _ Высо́кое кровяно́е давле́ние
      브소까예 끄라비노예 다블레니예 고혈압
   _ Ни́зкое кровяно́е давле́ние
      니스까예 끄라비노예 다블레니예 저혈압
   _ Са́харный диабе́т 사하르느이 지아볘트 당뇨
   _ А́стма 아스트마 천식
   _ Серде́чные заболева́ния 실제츠느예 자볼리바니야 심장병
   _ Заболева́ния пе́чени 자볼리바니야 뼤치니 간 질환
   _ Заболева́ния по́чек 자볼리바니야 뽀치ㅋ 신장 질환
   _ Други́е заболева́ния 드루기예 자볼리바니야 기타 질환

4. Для же́нщин 들랴 젠쒼 : 여성인 경우:
   Вы бере́менны? 브 비례미느? (срок 스로ㅋ) 임신 중? (기간)
   Да 다 / Нет 녜ㅌ 네 / 아니요

5. Аллерги́ческие реа́кции 알리르기치스끼예 리아크쯔이
   알레르기 반응

약국에서 В аптеке

C: 괜찮아요? / **M:** 아니요. 어지러워요.

C: 열 있어요? / **M:** 네. 감기인 것 같아요.

C: 언제 시작했어요? / **M:** 어제요. / **C:** 약국에 갑시다.
A: 안녕하세요. 어디가 불편해요? / **M:** 머리가 아파요. (배/ 목)

A: 이거 복용하세요. 하루에 3번.
C: 회복하세요. / **M:** 고마워요.

+ 추가 표현 +

➔ 병원에서 유용한 단어

_ пот 뽀ㅌ 땀
_ кашель 까쉴 기침
_ озноб 아즈노ㅍ 오한
_ рвота 르보따 구토
_ диарея 지아례야 설사
_ сыпь 쓰피 발진
_ кровь 끄로피 피
_ синяк 시냐ㅋ 멍
_ рана 라나 상처
_ кровяное давление 끄라비노예 다블례니예 혈압
_ онемение 아니몌니예 저림
_ операция 아뻬라쯔야 수술
_ укол 우꼴 주사

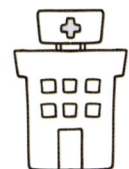

➔ 약국에서 유용한 단어

_ обезболивающее 아비스볼리바유쎼예 진통제
_ мазь от зуда 마시 아ㅌ 주다 (가려움에 쓰는) 연고
_ жаропонижающее 자라빠니자유쎼예 해열제
_ средство для улучшения пищеварения
  스례쯔트바 들랴 울루츠셰니야 삐쒸바례니야 소화제
_ средство от укачивания 스례쯔트바 아ㅌ 우까치바니야 멀미약
_ антисептик 안찌세프찌ㅋ 소독제
_ рецепт 리쩨프ㅌ 처방전

◆ 병원 접수대에서

진료 예약할 수 있어요?
Мо́жно записа́ться на приём?
모즈나 자삐사짜 나 쁘리욤?

보험이 있으세요?
У вас есть медици́нская страхо́вка?
우 바ㅅ 예스찌 미지쯘스까야 스트라호프까?

◆ 증상 & 통증 정도 말하기

저는 다리를 삐었어요.
Я вы́вихнул(а) но́гу.
야 브비흐눌(라) 노구

배가 너무 아파요.
Си́льно боли́т живо́т.
실나 발리ㅌ 즈보ㅌ.
_ **глаз** 글라ㅅ 눈
_ **у́хо** 우하 귀
_ **го́рло** 고를라 목
_ **зуб** 주ㅍ 이

저는 열 / 기침 / 코감기가 있어요.
У меня́ температу́ра / ка́шель / на́сморк.
우 미냐 찜뻬라뚜라 / 까쉴 / 나스마르ㅋ.

→ 약 복용 관련 문의하기

이거 어떻게 복용해요?

Как э́то принима́ть?
까ㅋ 에따 쁘리니마찌?

하루에 몇 번 복용해요?

Ско́лько раз в день мо́жно принима́ть?
스꼴까 라ㅅ 브 젠 모즈나 쁘리니마찌?

이거 먹으면 졸린가요?

От э́того хо́чется спать?
아ㅌ 에따바 호치짜 스빠찌?

부작용 있나요?

Есть побо́чные эффе́кты?
예스찌 빠보츠느예 에페크뜨?

식사 후 / 공복에 복용하세요.

Принима́йте по́сле еды́ / натоща́к.
쁘리니마이쩨 뽀슬례 이드 / 나따쌰ㅋ.

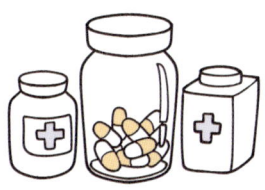

러시아 명절 & 축제!

- **새해 (Но́вый год 노브이 고트) 1월 1일**

    새해를 맞이하기 위해 가족이나 친구들끼리 모여서 새해 전날부터 첫날까지 파티를 합니다. 모스크바 크렘린에 위치하는 스파스카야 망루 벽에 있는 거대한 시계가 열두 번 울리면 건배하면서 'С Но́вым го́дом! 스 노븜 고담! (새해를 축하합니다!)'라고 서로 축하합니다.

- **성탄절 (Рождество́ Христо́во 라즈지스트보 흐리스토바) 1월 7일**

    러시아 정교 성탄절은 카톨릭 성탄절과 달리 1월 7일입니다. 새해 연휴에 이어 성탄절 연휴가 이어져 1월 1~8일은 공휴일입니다. 크리스마스 트리는 새해를 맞이하기 위해 설치하고 새해 트리라고 부릅니다. 성탄절 축하 인사는 'С Рождество́м! 스 라즈지스트봄! (성탄절을 축하합니다!)'입니다.

- **봄맞이 축제 (Ма́сленица 마슬리니짜) 2월 말~3월 초(매년 다름)**

    봄맞이 축제답게 뜨거운 태양을 상징하는 블린(러시아식 팬케이크)을 먹고 겨울을 상징하는 짚 허수아비를 태우는 것이 특징입니다. 러시아 정교에 따라 사순절이 시작되기 전에 7일 동안 열리는 축제이기도 합니다. 공휴일은 아니지만 집집마다 블린을 굽고 동네마다 축제가 열립니다.

- **조국 수호의 날**
  (День защи́тника Оте́чества 젠 자쒸트니까 아쩨치스트바 /
  Два́дцать тре́тье февраля́ 드바짜찌 뜨례찌예 피브랄랴) **2월 23일**

  공휴일로 이날을 축하하며, 여성이 남성에게 선물을 주는 날입니다.

- **국제 여성의 날**
  (Междунаро́дный же́нский день 미즈두나로드느이 젠스끼 젠 /
  Восьмо́е ма́рта 바시모예 마르따) **3월 8일**

  공휴일로 이날을 축하하며, 남성이 여성에게 선물을 주는 날입니다.

- **부활절** (Па́сха 빠스하) **3~4월(매년 다름)**

  공휴일은 아니며, 이날에는 달걀 껍데기에 색칠 장식을 한
  '부활절 달걀'을 선물로 줍니다. 달걀을 주면서 'Христо́с воскре́с!
  흐리스또스 바스크례스! (그리스도가 부활하셨다!)'라고 말하면,
  받는 사람은 'Вои́стину воскре́с! 바이스찌누 바스크례스!
  (참으로 부활하셨다!)'라고 답합니다.

- **전승기념일** (День Побе́ды 젠 빠베드 / Девя́тое ма́я 디뱌다예 마야)
  5월 9일

  공휴일이며, 지역별 주요 도시에 군사 퍼레이드, 전사자들을 위한 묵념,
  불꽃 축제 등이 있습니다.

8

기초 표현
Базовые выражения

48 # **인사**
49 # **소개**
50 # **감사**
51 # **사과**
52 # **부탁**
53 # **확인 & 대답**
54 # **감정**

숫자 / 화폐 / 날짜 / 시간

인사 Приветствия

Здра́вствуйте! Как дела́?
즈드라스트부이쩨! 까ㅋ 질라?

Хорошо́. А у вас?
하라쇼. 아 우 바ㅅ?

Всё норма́льно.
프쇼 나르말나.

M: 안녕하세요! 어떻게 지내세요?
C: 좋아요. 당신은요? / M: 모든 게 괜찮아요.

Tip. 만날 때 인사

편한 사이거나 친구끼리는
Приве́т! 쁘리베트!

M: 안녕히 가세요(계세요)! / C: 다음에 봐요!
M: 좋은 하루 되세요! / C: 잘 지내세요!

Tip. **헤어질 때 인사**
편한 사이거나 친구끼리는
Пока́! 빠까!

소개 Знакомство

Меня́ зову́т Са́ша. Как вас зову́т?
미냐 자부ㅌ 사샤. 까ㅋ 바ㅅ 자부ㅌ?

Ма́ша.
마샤.

Са́ша Ма́ша

Отку́да вы?
아트꾸다 브?

Я из Коре́и.
야 이스 까례이.

C: 저는 사샤라고 합니다.
이름이 뭐예요? / **M:** 마샤입니다.

C: 어디에서 왔어요? /
M: 한국에서 왔어요.

Tip. 남한에서 왔습니다.

남한에서 왔다고 특정해서 말할 때는
'Я из Ю́жной Коре́и. 야 이즈
유즈나이 까례이.'라고 하면 됩니다.

M: 무슨 일 해요? / **C:** 엔지니어예요. 당신은요?
M: 대학생이에요. (직장인)

감사 Благодарность

Спаси́бо.
스빠시바.

Пожа́луйста.
빠잘루스따.

Большо́е спаси́бо.
발쇼예 스빠시바.

Рад помо́чь.
라트 빠모치.

Ра́да помо́чь.
라다 빠모치.
(여성일 때)

M: 고마워요. / C: 천만에요.
M: 대단히 감사합니다. /
C: 도와드릴 수 있어서 기뻐요.

Tip. 만능 에티켓 단어

부탁할 때도, 고맙다라는 말에 대한 답변도 'Пожа́луйста.'라고 하면 됩니다.

C: 정말 감사합니다! / M: 별말씀을요.
M: 정말 친절하세요. / C: 고마워요.

사과 Извинения

Извини́те за опозда́ние.
이즈비니쪠 자 아빠즈다니예.

Ничего́.
니치보.

Прости́те за э́то.
쁘라스찌쩨 자 에따.

M: 늦어서 죄송합니다. /
C: 괜찮습니다.
M: 그것에 대해 용서해 주세요.

Tip. 사과할 때

흔히 '죄송합니다.', '실례합니다.'라고 할 땐 'Извини́те.', 비교적 큰 잘못에 대한 용서를 구할 땐 'Прости́те.'라고 하면 됩니다.

C: 사과드립니다. / M: 별거 아니에요.

C: 저 때문이에요. / M: 걱정하지 마세요.

부탁 Просьба

Извини́те.
이즈비니쩨.

Мину́ту.
미누뚜.

В чём де́ло?
프 촘 졜라?

Помоги́те, пожа́луйста!
빠마기쩨, 빠잘루스따!

C: 저기요. (실례합니다.) / M: 잠시만요.
C: 무슨 일이세요? / M: 도와주세요!

C: 부탁이 있는데요. / M: 네, 말씀하세요.(네, 듣고 있어요.)
C: 다시 말해 주세요. / M: 물론이죠.

확인 & 대답 Подтверждение и ответ

Я е́ду в Коре́ю.
야 예두 프 까레유.

Когда́? Заче́м?
까그다? 자쳄?

За́втра.
Про́сто отдохну́ть.
자프트라. 쁘로스따 아다흐누찌.

Поня́тно.
빠냐트나.

C: 한국에 가요. / **M:** 언제요? 왜요?(무슨 목적으로요?)
C: 내일이요. 그냥 쉬려고요. / **M:** 이해했어요.

M: 진짜예요? / **C:** 네.

M: 못 믿겠어요. 농담 맞죠? / **C:** 아니요. 진짜예요.

M: 그렇다면 잘 쉬길 바랄게요.

감정 Эмоции

Да!
다!

Удиви́тельно!
우지비찔나!

Кла́ссно!
끄라스나!

Кру́то!
끄루따!

Отли́чно!
아틀리츠나!

네! / 놀라워! / 대단해! / 대단해! / 완벽해!

아니요! / 어머나!(세상에!) / 끔찍해! / 이런! / 조용히 해!

[**숫자** Цифры]

1	2	3	4	5
оди́н	два	три	четы́ре	пять
아진	드바	뜨리	치뜨리	빠찌

6	7	8	9	10
шесть	семь	во́семь	де́вять	де́сять
세스찌	셈	보심	제비찌	제시찌

11	12	13
оди́ннадцать	двена́дцать	трина́дцать
아지나짜찌	드비나짜찌	뜨리나짜찌

14	15	16
четы́рнадцать	пятна́дцать	шестна́дцать
치뜨르나짜찌	삐트나짜찌	쉬스나짜찌

17	18	19
семна́дцать	восемна́дцать	девятна́дцать
심나짜찌	바심나짜찌	지비트나짜찌

20	30	40
два́дцать	три́дцать	со́рок
드바짜찌	뜨리짜찌	소라ㅋ

Tip. 20부터는 일의 자리에 1~9 중 말하고 싶은 숫자를 덧붙이면 됩니다.
예를 들어, 21은 **два́дцать оди́н**입니다.

50	60	70	80
пятьдеся́т	шестьдеся́т	се́мьдесят	во́семьдесят
삐지샤트	쉬즈지샤트	셈지샤트	보심지샤트

90	100	1,000
девяно́сто	сто	ты́сяча
지비노스따	스또	뜨시차

첫 번째	두 번째	세 번째	네 번째
пе́рвый	второ́й	тре́тий	четвёртый
뻬르브이	프따로이	뜨레찌이	치트뵤르뜨이

다섯 번째	여섯 번째	일곱 번째	여덟 번째
пя́тый	шесто́й	седьмо́й	восьмо́й
빠뜨이	쉬스또이	시지모이	바시모이

아홉 번째	열 번째
девя́тый	деся́тый
지뱌뜨이	지샤뜨이

[**화폐** Валюта]

- 러시아 화폐 단위 рубль 루블

- 지폐 банкно́та 반크노따

Tip. 5루블과 10루블은 지폐와 동전 둘 다 있습니다.

5루블
пять рубле́й
빠찌 루블레이

10루블
де́сять рубле́й
제시찌 루블레이

50루블
пятьдеся́т рубле́й
삐지샤ㅌ 루블레이

100루블
сто рубле́й
스또 루블레이

200루블
две́сти рубле́й
드베스찌 루블레이

500루블
пятьсо́т рубле́й
삐쪼ㅌ 루블레이

1,000루블
ты́сяча рубле́й
뜨시차 루블레이

2,000루블
две ты́сячи рубле́й
드베 뜨시치 루블레이

5,000루블
пять ты́сяч рубле́й
빠찌 뜨시ㅊ 루블레이

- 동전 моне́та 마녜따   **Tip.** 1루블과 2루블은 동전만 있습니다.

- 코페이카 копе́йка 까뼤이까 (러시아 동전 단위, 1/100루블)

1코페이카

одна́ копе́йка
아드나 까뼤이까

5코페이카

пять копе́ек
빠찌 까뼤이크

10코페이카

де́сять копе́ек
제시찌 까뼤이크

50코페이카

пятьдеся́т копе́ек
삐지샤ㅌ 까뼤이크

1루블

оди́н рубль
아진 루블

2루블

два рубля́
드바 루블랴

[날짜 Дата]

• 요일 дни недели 젠 니젤리

월요일	화요일	수요일
понедельник	вторник	среда
빠니젤니ㅋ	프또르니ㅋ	스리다

목요일	금요일
четверг	пятница
치트볘르ㅋ	빠트니짜

토요일	일요일
суббота	воскресенье
수뽀따	바스크리세니예

Tip. 러시아는 요일을 월요일부터 시작합니다.

• 월 месяцы 메시쯔

1월	2월	3월	4월
январь	февраль	март	апрель
인바리	피브랄	마르트	아프렐

5월	6월	7월	8월
май	июнь	июль	август
마이	이유니	이율	아프구스트

9월	10월	11월	12월
сентябрь	октябрь	ноябрь	декабрь
신쨔브리	아크쨔브리	나야브리	지까브리

[시간 Время]

몇 시입니까?
Ско́лько вре́мени? / Кото́рый час?
스꼴까 브레미니? / 까또르이 차ㅅ?

1:00
Оди́н час.
아진 차ㅅ.

Tip. 1시는 ~час로 말합니다.

2:00
Два часа́.
드바 치사.

Tip. 2~4시는 ~часа́로 말합니다.

5:00
Пять часо́в.
빠찌 치소ㅍ.

Tip. 5~12시는 ~часо́в로 말합니다.

3:05
Три часа́ пять мину́т.
뜨리 치사 빠지 미누ㅌ.

Tip. 분 단위는 ~мину́т로 말합니다.

3:10
Три часа́ де́сять мину́т.
뜨리 치사 제시찌 미누ㅌ.

3:15
Три часа́ пятна́дцать мину́т.
뜨리 치사 삐트나짜지 미누ㅌ.

3:30
Три часа́ три́дцать мину́т. / Полчетвёртого.
뜨리 치사 뜨리짜찌 미누ㅌ. / 뽈치트뵤르따바.

복습하기

01 # **В кафе** p. 16

м: Ла́тте, пожа́луйста.

к: Како́й объём? / м: Ма́ленький.

к: Что́-нибудь ещё? / м: Нет.

к: Здесь или с собо́й? / м: С собо́й.

к: Как вас зову́т? / м: Ма́ша.

02 # **Зака́зываем бранч** p. 20

м: Я одна́. / о: Мину́ту, пожа́луйста. Проходи́те сюда́.

о: Напи́тки? / м: Нет.

о: Бу́дете зака́зывать? / м: Ещё нет.

м: Подойди́те, пожа́луйста!

м: Да́йте э́то, пожа́луйста.

о: Прия́тного аппети́та. / м: Спаси́бо.

о: Что́-нибудь ещё? / м: Нет, спаси́бо.

о: Мо́жно убра́ть? / м: Да.

о: Что́-нибудь ещё? / м: Счёт, пожа́луйста.

03 # **В ресторане русской кухни**   p. 26

с: Что бу́дете? / **м:** Сала́т "Це́зарь" и мясны́е котле́ты.

с: Подойди́те, пожа́луйста!

о: Что бу́дете зака́зывать? /

с: Сала́т "Це́зарь", мясны́е котле́ты, бефстро́ганов.

о: Како́й гарни́р? / **с:** А что у вас есть?

о: Рис и карто́фельное пюре́. / **с:** Рис.

о: Хлеб ну́жен? / **м:** Нет.

о: Что бу́дете пить? / **м:** Квас.

04 # **Зака́зываем шашлы́к**   p. 30

с: Э́то како́е мя́со? /

о: Свини́на, бара́нина, ку́рица.

с: Да́йте вот э́то. Два.

о: Два нельзя́. Ну́жно три и́ли бо́льше. /

с: Бара́нина – два. Ку́рица – оди́н.

о: Что ещё? / **с:** О́вощи-гриль, хлеб и пи́во.

05 # **Зака́зываем кра́бы** p. 34

с: Я брони́ровал.

о: На како́е и́мя? / с: Са́ша.

с: Кра́бы есть? / о: Да. Проходи́те, пожа́луйста.

с: Камча́тский краб. Придёт ещё оди́н челове́к.

о: Ско́лько вам? / с: 2 (два) килогра́мма.

с: Креве́тки есть? / о: Да. Вот ассорти́ из креве́ток.

с: Э́то на ско́лько челове́к? / о: Приме́рно на двои́х.

с: Да́йте, пожа́луйста, одну́ по́рцию.

06 # **Зака́зываем фастфу́д** p. 38

к: Что вы хоти́те? / с: Оди́н чи́збургер.

к: Ко́мбо? / с: Нет.

к: Напи́тки? / с: Ко́ла.

к: Что́-нибудь ещё? / с: Пирожо́к с я́блоком.

к: Ждать 15 (пятна́дцать) мину́т. / с: Хорошо́.

к: Здесь или с собо́й? / с: Здесь.

к: 250 (две́сти пятьдеся́т) рубле́й. /

с: Бу́ду опла́чивать ка́ртой.

07 # **Заказываем блины** p. 42

м: Есть места́? / о: Сейча́с нет. Подожди́те.

м: Ско́лько мину́т ждать? / о: Мину́т 10 (де́сять).

м: Каки́е блины́ есть? /

о: Блины́ с ма́слом, с варе́ньем, с я́блоком.

м: Да́йте блины́ с я́блоком.

о: Пить что бу́дете? / м: Да́йте чёрный чай, пожа́луйста.

08 # **В баре** p. 46

с: Разливно́е пи́во есть? / б: Да.

б: Тёмное и́ли све́тлое? / с: Тёмное.

м: Каки́е кокте́йли есть? / б: Вот кокте́йльная ка́рта.

м: Мохи́то, пожа́луйста. / б: Хорошо́.

с: Я угоща́ю. / м: О! Спаси́бо!

с и м: За здоро́вье!

09 # Заказ еды с доставкой   p. 50

☐ Пи́цца «Класси́ческая»   ☑ Пи́цца «Пперо́ни»

☐ 25 см: 400 ₽ (два́дцать пять: четы́реста)

☐ 30 см: 500 ₽ (три́дцать: пятьсо́т)

☑ 35 см: 600 ₽ (три́дцать пять: шестьсо́т)

☑ Ко́ла литр: 150 ₽ (сто пятьдеся́т)

• В корзи́ну   • В корзи́не 2 (два) блю́да

• Перейти́ в корзи́ну   • Доста́вка: 300 ₽ (три́ста)

• При зака́зе бо́лее 1 300 ₽ (ты́сячи трёхсо́т) беспла́тно

• О́бщая сто́имость: 750 ₽ (семьсо́т пятьдеся́т)

• Итого́ к опла́те: 1 050 ₽ (ты́сяча пятьдеся́т)

• А́дрес доста́вки: У́лица / Дом

• Кварти́ра / О́фис / Подъе́зд / Эта́ж

• Конта́ктный телефо́н / И́мя

• Спо́соб опла́ты

☐ Ка́ртой на са́йте   ☑ Нали́чными при получе́нии

к: До́до Пи́цца. Здра́вствуйте. /

с: Пеперо́ни и ко́лу.

к: Есть пи́цца больша́я, сре́дняя и ма́ленькая. /

с: Большу́ю.

к: Ко́ла – 1 (оди́н) литр. Одна́ буты́лка? / с: Да.

к: 750 (семьсо́т пятьдеся́т) рубле́й. По како́му а́дресу? /

с: Проспе́кт Ми́ра, дом 5 (пять), кварти́ра 7 (семь),
подъе́зд 1 (оди́н). / к: Доста́вим че́рез час.

10 # **Заказываем столик** p. 54

- Заброни́ровать
- Да́та / Вре́мя / Ско́лько челове́к
- И́мя / Фами́лия / Но́мер телефо́на / Име́йл

☐ Отмени́ть ☐ Продо́лжить ☑ Заверши́ть

- Подтверди́ть бронь
- Пожела́ния

о: Вы брони́ровали? / м: Нет.

о: Сейча́с нет свобо́дных сто́ликов.

м: Запиши́те меня́, пожа́луйста.

о: Внутри́ или на терра́се? / м: На терра́се.

м: Как до́лго ждать? / о: Мину́т 30 (три́дцать).

11 # **Покупаем сим-карту** p. 62

с: Мне сим-ка́рту. Я тут бу́ду 10 (де́сять) дней.

п: Вот хоро́ший тари́ф.
   Безлими́тный интерне́т, звонки́ и СМС.

с: Ско́лько сто́ит? / п: 350 (три́ста пятьдеся́т) рубле́й.

с: Беру́. / п: Ваш па́спорт.

12 # Пользуемся Wi-Fi   p. 64

м: Есть беспла́тный Wi-Fi? / к: Да.

м: Мно́го сигна́лов. Како́й? / к: CAFE FREE.

м: Како́й паро́ль? / к: На ва́шем че́ке.

м: Получи́лось.

м: Сла́бый сигна́л.

м: О́чень ме́дленно.

м: У́жас! Нет свя́зи.

13 # Ведём соцсети   p. 68

м: У вас есть «Фейсбу́к»? / с: Да.

с: Я выкла́дываю фо́то и се́лфи. / м: Кла́ссно.

м: Доба́вьте меня́ в друзья́.

с: Како́е у вас и́мя в «Фейсбу́ке»? / м: Ма́ша.

с: Сейча́с найду́.

с: Э́то вы? / м: Да. Э́то я.

с: Я отпра́вил запро́с. / м: Получи́ла.

м: Добавля́ю. / с: Бу́дем обща́ться.

14 # **Фотографируем** p. 72

м: Извините. Сфотографируйте, пожалуйста. /
ч: Давайте.
м: С задним фоном, пожалуйста. / ч: Хорошо.
м: Фото размытое.
м: Можно ещё раз? / ч: Хорошо.
м: Большое спасибо.

15 # **Звоним по телефону** p. 76

с: Алло. / м: Это Маша.
с: О! Это ваш номер? / м: Да. У меня новый номер.

16 # Просим зарядку　　　　　　　　　　p. 78

м: Батаре́я се́ла.

м: Есть заря́дка? / с: Да.

м: Где розе́тка? / с: Вон там.

с: Три звонка́ пропусти́л. Мне на́до идти́.

м: Ой! А э́то когда́ отдава́ть? / с: Пото́м. Напиши́те СМС.

17 # Пользуемся 2ГИС　　　　　　　　p. 80

м: Потеря́ла доро́гу.

м: Извини́те, где ры́бный ры́нок? /

ж: Я здесь в пе́рвый раз.

ж: Мину́ту. Э́то ря́дом. / м: Хорошо́!

ж: Иди́те пря́мо до перекрёстка.

ж: Пото́м нале́во.

18 # В магазине одежды p. 86

п: Здра́вствуйте! Чем вам помо́чь? / **м:** Про́сто смотрю́.

м: Есть бе́лый цвет? / **п:** Да. Како́й разме́р?

м: Сре́дний.

м: Мо́жно поме́рить? / **п:** Да, пожа́луйста.

м: Где приме́рочная? / **п:** Проходи́те сюда́.

19 # В обувно́м магази́не p. 88

п: Что вы и́щете? / **с:** Кроссо́вки.

п: Как вам э́ти? / **с:** Нра́вится.

с: Есть разме́р 42 (со́рок два)? / **п:** Э́того разме́ра нет.

п: Поме́рьте разме́р 41 (со́рок оди́н).

с: Как раз.

20 # В магазине косметики   р. 90

м: Я ищу́ то́ник.

м: Како́й лу́чше? / п: Вот э́тот.

м: Для жи́рной ко́жи мо́жно? /

п: Да, э́то для всех ви́дов ко́жи.

м: Мо́жно попро́бовать? / п: Да, попро́буйте те́стер.

п: Вам нра́вится? / м: Немно́го ли́пкий.

21 # В кассе   р. 94

м: Где ка́сса? / п: На ни́жнем этаже́.

к: Всего́ 5 000 (пять ты́сяч) рубле́й.

м: Э́то цена́ со ски́дкой? / к: Да.

к: ПИН-ко́д, пожа́луйста.

к: Вот ваш чек.

22 # **Возвращаем налог** p. 96

м: Мо́жно офо́рмить чек такс-фри́? /

к: Да, покажи́те ваш па́спорт.

к: Я офо́рмлю вам электро́нный чек.
   На тамо́жне в аэропорту́ предъяви́те това́р и но́мер че́ка.

23 # **Возврат и обмен товара** p. 98

с: Я хочу́ э́то верну́ть.

к: Где ваш чек? / с: Вот он.

к: Э́тот това́р был со ски́дкой.

к: Извини́те, верну́ть нельзя́.

с: Посмотри́те. Здесь дефе́кт. / к: Ммм...

с: Тогда́ мо́жно поменя́ть?

к: Да. Возьми́те друго́е. / с: Спаси́бо.

24 # Сервис онлайн-шопинга   p. 102

Здравствуйте.

Мой номер заказа - 123 (сто двадцать три).

Я получила повреждённый товар.

Желаю вернуть товар и получить деньги обратно.

Укажите способ возврата.

Фото прилагается.

С уважением,

Ким Маша

25 # Едем на автобусе и метро   p. 108

м: Где остановка? / ч: Пройдите два квартала.

м: Туда? / ч: Да.

м: Там есть автобус до центра? /

ч: Нужно делать пересадку.

м: Как лучше добраться? / ч: На метро.

м: Где метро? / ч: Ближайшая станция...

ч: Там, за углом.

м: Один билет на одну поездку.

м: Извините. Здесь садиться? /

ч2: На другой стороне.

26 # Едем на такси   p. 112

в: Вам куда́? / с: Аэропо́рт, пожа́луйста.

в: Пристегни́те ремни́.

с: Про́бка!

с: Ско́лько ещё е́хать? / в: Мину́т 40 (со́рок).

с: Останови́те здесь.

с: Сда́чи не на́до.

27 # Покупаем билет на поезд   p. 114

м: Оди́н биле́т в Санкт-Петербу́рг.

к: На како́е вре́мя? / м: За́втра в 3 (три) часа́ дня.

к: Есть поезд в 15:30 (пятна́дцать три́дцать).

м: Когда́ прибы́тие? / к: В 19:00 (девятна́дцать ноль-ноль).

м: Ско́лько сто́ит? / к: Како́й класс?

м: Са́мый дешёвый.

к: Туда́ и обра́тно? / м: Туда́.

к: 3 000 (три ты́сячи) рубле́й.

м: Есть ски́дка для студе́нтов? /

к: Нет. Ски́дка на биле́ты туда́ и обра́тно.

м: Кака́я платфо́рма? /

к: За́втра мо́жете посмотре́ть на табло́.

28 # **Берём напрокат машину**

с: Я сде́лал онла́йн-зая́вку. Вот ва́учер.

р: Ваш па́спорт и води́тельское удостовере́ние.

р: Ознако́мьтесь и подпиши́те.
 Возвраща́ть с по́лным ба́ком.

с: Коро́бка-автома́т, бензи́н, навига́тор, страхова́ние. Пра́вильно?

р: Да. Ещё франши́за - 10 100 (де́сять ты́сяч сто) рубле́й.
 Депози́т - 10 000 (де́сять ты́сяч) рубле́й.

р: Маши́на на стоя́нке. Иди́те за мной.

р: Дава́йте осмо́трим маши́ну.

29 # **На заправочной станции** р. 124

м: Коло́нка но́мер 5 (пять), 92 (девяно́сто второ́й), 20 (два́дцать) ли́тров.

м: На́до протере́ть стекло́.

Вста́вить запра́вочный пистоле́т

→ Опла́та

→ Запра́виться

→ Вы́берите коло́нку : 1 / 2 / 3 / 4 / 5

→ Тип то́плива : 92 / 95 / 98

→ Введи́те литра́ж или су́мму

→ Оплати́ть

→ Спо́соб опла́ты : Нали́чные / Ба́нковская ка́рточка

→ Набери́те ПИН-ко́д

→ Напеча́тать чек

30 # В музее и художественной галерее p. 130

р: Сда́йте ва́шу су́мку.

м: Оди́н взро́слый биле́т. И аудиоги́д, пожа́луйста.

к: В ка́ссе нет. / м: Где мо́жно взять?

к: Сто́йка прока́та в фойе́.

р2: Како́й язы́к? / м: Коре́йский.

м: Э́то беспла́тно? /

р2: Нет. Прока́т - 500 (пятьсо́т) рубле́й.
   Зало́г - 2 000 (две ты́сячи) рубле́й.

31 # На балете p. 134

р: Ваш биле́т. / с: Вот, пожа́луйста.

с: В зри́тельный зал входи́ть мо́жно? / р: Ещё нет.

р: Че́рез 10 (де́сять) мину́т.

с: Где гардеро́б? / р: Вон там.

р2: Одно́ пальто́? / с: Да.

р2: Возьми́те номеро́к.

с: Извини́те, э́то моё ме́сто. / ж: Да? Како́е у вас ме́сто?

с: Ряд 8 (во́семь), ме́сто 9 (де́вять). / ж: Э́то ме́сто 10 (де́сять).

с: Извини́те. / ж: Ничего́ стра́шного.

32 # На хоккейной арене
p. 138

с: Это о́чередь в ка́ссу? / ж: Нет. Там вход.

с: Где ка́сса? / ж: Вон там.

с: Вы после́дний? / ч: Да.

с: Оди́н взро́слый биле́т. /

к: Вот схе́ма аре́ны. Како́й се́ктор?

с: Се́ктор 212 (две́сти двена́дцать).

к: Како́й ряд? / с: Ряд 6 (шесть).

к: Мест нет. Есть места́ в 8 (восьмо́м) ряду́.

с: Ско́лько сто́ит? / к: 3 000 (три ты́сячи) рубле́й.

с: Хорошо́. Беру́.

33 # Аэропорт и багаж
p. 146

р: Здра́вствуйте. Ваш па́спорт, пожа́луйста.

р: Ско́лько чемода́нов в бага́ж? / м: Оди́н.

р: Поста́вьте бага́ж сюда́.

р: В багаже́ есть батаре́и? / м: Нет.

м: Ме́сто у прохо́да, пожа́луйста. / р: Да, пожа́луйста.

р: Вы́ход на поса́дку D28 (два́дцать во́семь).

р: Поса́дка в 12:20 (двена́дцать два́дцать).

р: Ну́жно подойти́ не поздне́е чем за 15 (пятна́дцать) мину́т до поса́дки.

34 # На борту самолёта   p. 150

б: Посадочный талон, пожалуйста.

б: Проходите сюда.

м: Плед, пожалуйста.

б: Что вы желаете: говядину или рыбу? / **м:** Что-что?

б: Вам говядину или рыбу? / **м:** Говядину, пожалуйста.

б: Какие напитки? / **м:** Воду, пожалуйста.

м: Унесите, пожалуйста.

м: Проходите. / **ж:** Спасибо.

СВОБОДНО

ЗАНЯТО

35 # Трансфер   p. 154

м: Где делать пересадку? /

р: Идите за указателем «Трансфер».

м: Извините, я на пересадку. Это сюда? /

р2: Да. Вот эта очередь.

м: Какой выход? D27 (двадцать семь).

м: О нет! Рейс задержан!

м: Я так устала.

м: Извините, здесь свободно? / **ч:** Да.

р3: Вниманию пассажиров авиакомпании «Аэрофлот».

Объявляется посадка на рейс в Москву.

Просьба пройти к выходу D27 (двадцать семь).

36 # **Паспортный контроль** p. 158

м: Где па́спортный контро́ль? / р: Сюда́.

п: Иностра́нным гра́жданам сюда́.

и: Па́спорт, миграцио́нную ка́рту, поса́дочный тало́н.

и: Цель визи́та? / м: Тури́зм.

и: Ско́лько вы пробу́дете? / м: Одну́ неде́лю.

и: Куда́ вы направля́етесь? / м: В Москву́.

и: С кем вы путеше́ствуете? / м: Одна́.

и: Смотри́те сюда́.

37 # **Таможенный контроль** p. 162

т: Ну́жно что́-нибудь декляри́ровать? / м: Нет.

т: У вас есть проду́кты пита́ния? / м: Нет.

38 # **Обмен валюты** p. 164

р: Чем вам помо́чь? / с: Ну́жно поменя́ть валю́ту. /

р: Возьми́те тало́н.

р: Вот курс валю́ты.

с: До́ллары на рубли́.

р2: Ско́лько до́лларов? / с: 300 (три́ста).

р2: Вот, пожа́луйста.

39 # **Ме́стный тур** p. 166

р: Здра́вствуйте! Чем вам помо́чь? /

м: У вас есть ту́ры по го́роду?

р: Сего́дня? / м: Нет, за́втра.

р: Да, есть. На́ день? / м: На полдня́.

м: Ско́лько вре́мени дли́тся тур? / р: Четы́ре часа́.

м: Во ско́лько начина́ется? /

р: В 8 (во́семь) часо́в утра́ и в 2 (два) часа́ дня.

р: Како́й жела́ете? / м: В 2 (два) часа́ дня.

м: Здесь мо́жно записа́ться? / р: Да.

м: Где сбор? / р: Пе́ред э́тим це́нтром.

м: Хорошо́!

р: Не забу́дьте принести́ ва́учер.

40 # **В бане**

р: Добро́ пожа́ловать! Как вас зову́т? / м: Ма́ша.

р: Вас дво́е, да? / м: Да.

р: Ба́ня но́мер 5 (пять). С двух до четырёх.

м: Бу́ду плати́ть. / р: Как бу́дете плати́ть?

м: Ка́ртой. Мо́жно? / р: Да.

м: Вы́зовите, пожа́луйста, такси́. / р: Хорошо́.

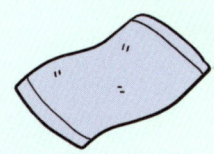

41 # **Жильё**

с: У меня́ заброни́рован но́мер. /
р: Ваш па́спорт, пожа́луйста.
р: Вот ва́ша ка́рта го́стя.
р: За́втрак с 7 (семи́) до 10 (десяти́) утра́.
р: Рестора́н на пе́рвом этаже́.
  Приноси́те с собо́й ка́рту го́стя.
р: Ваш но́мер на тре́тьем этаже́.
  Но́мер 320 (три́ста два́дцать).
с: Бассе́йн откры́т? / р: Да.
с: Когда́ закрыва́ется бассе́йн? /
р: В 9 (де́вять) часо́в ве́чера.

с: Я хочу́ вы́писаться из но́мера. / р: Вот ваш счёт.
с: Э́то пла́та за что? / р: Э́то куро́ртный сбор.
с: Поня́тно. Мо́жно оста́вить су́мку в ка́мере хране́ния?
р: Да. Когда́ вернётесь? / с: В часа́ 3 (три).
р: Вот ва́ша квита́нция.

42 # **В киоске и супермаркете** p. 182

с: Дайте пиво? /

к: 11 (одиннадцать) часов.

   Алкогольная продукция не продаётся.

с: Когда можно купить? /

к: Вон там объявление. Смотрите.

с: У вас будет сдача? / к: Извините. Нет.

с: Тогда не буду брать.

м: Фрукты несвежие.

м: Хлеб!

м: Один плюс один.

к: Есть дисконтная карта? / м: Нет.

м: Вы пробили это два раза. /

к: Извините. Сейчас отменю.

43 # **В алкомаркете** p. 186

с: Какое красное вино лучше взять? /

п: Сухое или сладкое?

с: Сухое. / п: Вот это хорошее.

с: Я ещё немного посмотрю.

44 # **Используем банкомат** p. 188

Вста́вьте ка́рточку
→ Введи́те Ваш ПИН-ко́д
→ Гла́вное меню́
  → Получи́ть нали́чные
→ Вы́берите су́мму для сня́тия
  (Друга́я су́мма)
→ Напеча́тать чек / Без че́ка
Не удало́сь вы́полнить транза́кцию.

м: Не мо́жет быть! Что не так?
м: Споко́йно! Дава́й попро́буем с друго́го банкома́та.
м: Сла́ва бо́гу!

45 # **В отделении полиции** p. 190

п: Чем вам помо́чь? / м: Я хочу́ пода́ть заявле́ние.
п: Вы мо́жете объясни́ть, что случи́лось? /
м: Я пло́хо говорю́ по-ру́сски.
м: У вас кто́-нибудь говори́т по-англи́йски? / п: Нет.
м: Позвони́те, пожа́луйста, в посо́льство.

46 # В больнице

C: Мо́жно сейча́с к врачу́? Сро́чно.

P: Внача́ле запо́лните бланк.

1. Во́зраст
2. Гру́ппа кро́ви
3. Хрони́ческие боле́зни
    _ Высо́кое кровяно́е давле́ние
    _ Ни́зкое кровяно́е давле́ние
    _ Са́харный диабе́т
    _ А́стма
    _ Серде́чные заболева́ния
    _ Заболева́ния пе́чени
    _ Заболева́ния по́чек
    _ Други́е заболева́ния
4. Для же́нщин : Вы бере́менны? (срок)
    Да / Нет
5. Аллерги́ческие реа́кции

47 # **В аптеке**

с: Всё нормально? / м: Нет. Голова кружится.

с: Температура есть? / м: Да. Наверное, простуда.

с: Когда началось? / м: Вчера. / с: Пойдёмте в аптеку.

а: Здравствуйте. На что жалуетесь? / м: Голова болит.

а: Принимайте это лекарство. Три раза в день.

с: Поправляйтесь. / м: Спасибо.

48 # Приветствия

p. 206

м: Здра́вствуйте! Как дела́?

с: Хорошо́. А у вас? / м: Всё норма́льно.

м: До свида́ния! / с: До встре́чи!

м: Хоро́шего дня! / с: Счастли́во!

49 # Знакомство

p. 208

с: Меня́ зову́т Са́ша. Как вас зову́т? / м: Ма́ша.

с: Отку́да вы? / м: Я из Коре́и.

м: Кем вы рабо́таете? / с: Я инжене́р. А вы?

м: Я студе́нтка.

50 # **Благодарность** p. 210

м: Спаси́бо. / с: Пожа́луйста.

м: Большо́е спаси́бо. / с: Рад помо́чь.

с: Огро́мное спаси́бо! / м: Не́ за что.

м: Вы так добры́. / с: Спаси́бо.

51 # **Извинения** p. 212

м: Извини́те за опозда́ние. / с: Ничего́.

м: Прости́те за э́то.

с: Прошу́ проще́ния. / м: Ничего́ стра́шного.

с: Э́то всё из-за меня́. / м: Не беспоко́йтесь.

52 # Просьба   p. 214

м: Извини́те. / с: Мину́ту.

с: В чём де́ло? / м: Помоги́те, пожа́луйста!

с: У меня́ про́сьба. / м: Да, я слу́шаю.

с: Повтори́те, пожа́луйста. / м: Коне́чно.

53 # Подтверждение и ответ   p. 216

с: Я е́ду в Коре́ю. / м: Когда́? Заче́м?

с: За́втра. Про́сто отдохну́ть. / м: Поня́тно.

м: Пра́вда? / с: Да.

м: Не ве́рю. Шу́тка, да? / с: Нет. Я серьёзно.

м: Тогда́ жела́ю хорошо́ отдохну́ть.

54 # **Эмоции** p. 218

Да!
Удиви́тельно!
Кла́ссно!
Кру́то!
Отли́чно!

Нет!
Бо́же мой!
Ужа́сно!
Ну и ну!
Ти́хо!